小児科医がつくった

おくれがちな子、LD児、ADHD児など、どの子も伸ばす

ゆっくりこくごプリント

こころ・ことば・もじ

解説
保護者・指導者の皆様へ

別冊「解説」は本体にこの表紙を残したまま、ていねいに抜き取ってください。
なお、「解説」抜き取りの際の損傷についてのお取り替えはご遠慮願います。

小学館

小児科医がつくった

おくれがちな子、LD児、ADHD児など、どの子も伸ばす

ゆっくり こくご プリント

こころ・ことば・もじ

解説
保護者・指導者の皆様へ

小学館

はじめに

外来で、学習のおくれを心配して訪れる子どもたちをサポートするとき、言葉の力を育てる必要を、強く感じます。国語のみならず、理解（分かる）や思考（考える）、知識の記憶（覚える）は、すべて言葉によってなされるからです。さらに、言葉の力は、良いコミュニケーションを通して良いお友達関係をつくる力にもなります。一方で、行動のコントロールでも、ご家族の「うまく話せないために、つい手を出してしまう」、「事情や気持ちを説明できないために、いじめられてばかりいる」というお話に、言葉の力の大切さを思います。「ああいうことをしたから叱られた」という因果関係の理解も、「いけなかった」という反省や謝ることも、「こういうことをすると、みんなが困る」という見通しや「だからしない」という我慢も、理不尽ないじめから自分を守ることも、すべては言葉の力があって初めて可能になるからです。

お届けする『ゆっくりこくご』は、ご家族や先生方が、子どもの生来の力を、上手に引き出すための方法を、たくさんあげてあります。共に課題に取り組む中で、国語力を伸ばすためのヒントとなればと思います。

ことばの旅立ち　5つのまど

1 こころを育てる　ことばを育む

言葉は、下の図のように、心が育って初めて作られます。そして、表現できる（話せる）ようになり、文字を覚えます。したがって、文字を教えるには、まず心を育てることから始める必要があります。「ゆっくりこくご」は、文字による読み書きという実を結ぶための、根っこの心を育てることから、アプローチしていきます。

2 わかること　わかることば

心と、言葉の関係をご理解いただくために、二つの例をあげます。（個人情報の保護のため、名前ほか、修飾を加えてお伝えします。また、出典が不明であることをおことわりします。）

一つ目は、私の大好きな口答詩です。

　　パパは　ゆうがた

ママは　いえがた　いつも　おうちにいるから
みほは　えびがた　えびが　だいすき
パパは　ゆうがた　いつも　ゆうがた　かえってくるから

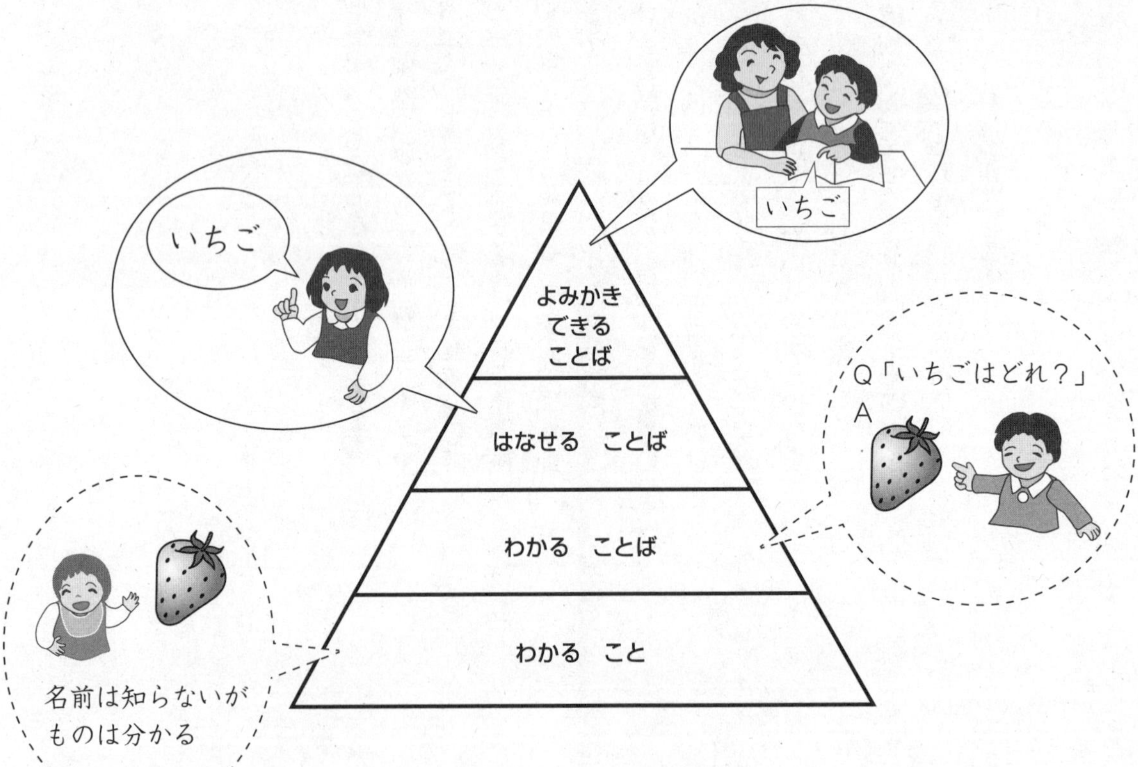

これは保育園児のみほさんが、お母さんから、「ママはA型、みほちゃんはAB型」と血液型を教えられたのを、自分にも分かる言葉で理解し、「きっとパパは、ゆうがた」と考えたのですね。このような発想は、血液型やアルファベット、漢字をまだ知らないからできることであり、大人にはけっしてできないことです。そしてその向こうに、子どもが日々お母さんと一緒にいて、お父さんの帰りを信じて待っている家族の幸福な日常が感じられます。こうした素敵な思いを、大人の知識で矯《た》めてはならないと思います。

二つ目は、いつか、天声人語でみつけたお話です。お母さんが、お子さんと、踏切で電車の通過を待っていたときのこと。

あやこちゃん　「かわぐち　あやこ　でーす」
お母さん　「どうしたの？」
あやこちゃん　「いま、でんしゃが、『だれっかな
　　　　　　　だれっかな』ってきいてったから」

このことは、大切なことを教えてくれます。たとえ、どんなに能力のある大人であっても、「だれっかな」という言葉を知らない外国人に、電車の音は、けっして「だれっかな」とは、聞こえないのです。音を、言葉としてとらえるということは、その子の言葉の力を示すものであり、積み木や影絵など、目に見えるものから、何かを連想することにも、同様の意味があります。

有名な『星の王子さま』を読まれた方は、最初に出てくるあの帽子のような絵を、思い出してください。形を何かに見たてることとは、たとえば「帽子」というものを知っている人間だからできることであり、何に見たてるかは、絵という「見える（意味する）形」と、帽子という「見えない（意味される）何か」をつなぐ、その人のイメージを映し出します。**（象徴機能）**そして、イメージはその人の生活経験から紡ぎだされ、記憶に残されて、心に描かれます。まったく知らないものを、イメージすることはできないのです。ですから、言葉のもとになる豊かなイメージ力を育てるためにも、子どもたちには、たくさんの豊かな生活経験をつませていただきたいと思います。

3 あそびとことば

子どもはよく、からのコップで水を飲む振りをしたり、絵本の中のお菓子を、食べる振りをしたりします。これは、ものの用途や意味、たとえば、「コップは、何かを飲む道具である」、「お菓子はおいしい食べ物である」ということが分かり、目の前にはない本物（水の入っているコップ・本当のお菓子）の代わりに別の代用物（からのコップ・お菓子の絵）を用いる行動です。腕を広げて飛行機のつもりで走ったり、お店屋さんごっこでお客さんになったりするのも同様に、本物へのイメージを介して、自分を実際とは違う何かに置き換えて遊べることに他なりません。**（象徴遊び）**ご家族や先生方は、このような心の育ちを見逃すことなく、しっかりと気づいていただきたいと思います。

そして、ご家族や先生方には、文字を教えるその前に、見たて

遊び、振り遊び、ごっこ遊びなどを通し、まずは、言葉とともに、心を育てていただきたいと思います

4 ことばから文字へ

ひらがなは一文字では、漢字と異なり音を表しますが、意味を表すことはできません。そのため、漢字よりも易しいようで、実は難しい面もあります。遅れがちの子どもに、ひらがなを教えるにあたり、このことは大変重要なポイントになります。

つまり、ひらがなを、読み書きできるためには、①言葉を、音のつぶ（モーラ）に分けて聞き取る、②その音を、文字とマッチさせる、③文字の形を正しくとらえる、④その形を記憶する、⑤その形を、正しく読める・書ける、このすべてが必要です。このことをご理解いただいた上で、すでに述べた「分かること」を、「分かることば」に、そして、正しい発音によるつぶを、文字という形にマッチさせていきます。そのための方法は、これから一つずつ取り上げます。

5 文字から知識へ

たとえば動物や果物の名前、季節や曜日の並び順などの知識は、すべて言葉によって覚え記憶されます。そして読み書きができるようになると、文字を支えとして、確実なものとなります。ヘレン・ケラーの物語を思い出してください。彼女は、サリバン先生が片方の手を水に触れさせながら、もう一方の手のひらにwaterという文字を書いたことにより、初めて物には名前があることを理解したのでした。私たちも、たくさんの漢字を書いて練習してきたはずです。そして、文字を通してたくさんの知識を得ています。文字の読み書きは、書けることがゴールではなく、学習の世界へと旅立つスタートであることを、心にとめておきたいと思います。

以下、**専門の方々へ**というコラムで、少し踏み込んだ詳しい解説をします。必要なときに、お役に立てればと思います。

専門の方々へ

象徴機能（シンボル機能）

象徴（シンボル）というのは、たとえば白いハトが平和の象徴と言われるように、「意味されるもの（平和）」とイメージに類似性がありながらも、別の「代わりで意味するもの（白いハト）」のことです。象徴機能（シンボル機能）とは、こうした本物へのイメージを介して、類似性のある代用物で表現する機能を言います。積み木をケーキに見たてることも、「ケーキ（意味される本物）」を、イメージは類似しているがケーキではないと承知している「積み木（代わりで意味する代用物＝象徴）」に、置き換えて使えることを示します。今現在、目には見えない現実世界の事物や様相を、類似性のある代用物に置き換えて扱えるという、心の育ちのサインであり、言葉の発達の上でも重要な機能です。

たとえば、一音ずつでは意味を持たない二つの音「い」「ぬ」をつなげると、「いぬ」という言葉になり、犬という「意味される物」を「代わりで意味する」ことになるからです。このように、物の名前をはじめとする「言葉」もまた重要な象徴（シンボル）のひとつに他なりません。象徴機能（シンボル機能）は、目の前には存在しないものをイメージしたり、相手の気持ちを理解したりすることにもつながります。

象徴遊び

からのコップを水の入っているコップに見たてて飲む振りをすることも、自分が飛行機のまねをしたりお店屋さんごっこのお客さんになったりすることも、すべて象徴機能の表れであり、こうした遊びを象徴遊びと言います。「意味される物＝水の入っているコップ、飲む行為、飛行機の姿や動き、お客さんの立場」を、「代わりで意味するもの＝からのコップ、自分の動作」で置き換える機能（象徴機能）による行動だからです。家族のすることを覚えていて、あとからブラシで髪をとかしたり、テーブルでスーパーのレジのまねをしたりする遅延模倣という行動も、目の前にはない様子を心で思い浮かべながら遊ぶ象徴遊びのひとつです。こうした見たて遊び、振り遊び、ごっこ遊び、まね遊びといった象徴遊びは、言葉の力の発達とも、密接な関係があります。ともに象徴機能により可能になると考えられるからです。

しかし、発達の遅い子どもや自閉傾向のある子どもでは、遅れることがよくあります。そのような子どもには、「ブーブー、バイバイ」などと声かけをしながら物の名前や身ぶりを教えたり、積み木をケーキに見たててお人形や家族と「どうぞ」「ちょうだい」「あげて」などのやりとりをしたりする中で、象徴機能の育ちを促していただきたいと思います。

さらにごっこ遊びの場合は、一つの段ボール箱が、お店屋さんごっこでは、お店のカウンターになり、自分たちはお店屋さんやお客さん、電車ごっこでは、それが電車と車掌さんや乗客というように、その時々に違うイメージによる象徴（シンボル）になります。居合わせた子どもたちが見たてのスキルを仲間関係に持ち込み、描くイメージを調整して、「意味される本物」と「意味する代用物」との関係を共有し、象徴機能（シンボル機能）に共通項が形成されていくことになります。こうした遊びのシステムは、ワンランク高度な象徴遊びであり、言葉の力を必要とするとともに、言葉の力を育てることにもつながります。年長の子どもや面倒見のよい子どもの力を借りながら、ぜひ、こうした遊びを体験させていただきたいと思います。

音節（syllable）とモーラ（mora）

音節は、母音や子音の組み合わせからなり、ひとまとまりと感じられる音の連続を言います。英語のbookは1音節、paperはpa/perで2音節ですね。モーラというのは、音声の長さの単位で、「拍」にあたります。音楽を学んだ方には、「一拍目の音」「二拍目は休符」などという言い方でなじみがあると思います。

脈拍もそうであるように、一つのモーラは、同じ長さの音の単位になります。日本語では、「ぞう」は1音節で「ぞ・う」の2モーラ、「りんご」は「りん／ご」の2音節で「り・ん・ご」の3モーラになります。

俳句の五・七・五は、モーラの数に他なりません。そしてひらがなは音を表す文字ですから「ぞう」や「りんご」の例からも分かるように、その学習では、モーラ分解が文字との対応から必須の条件になります。本書では分かりやすく、モーラを「音のつぶ」という言い方にしています。

1 みてあてる…だれかな？ なにかな？

子どもたちは、どのようにして文字をおぼえるのでしょうか。もう一度「いちご」という文字を例に、順に考えてみましょう。

①言い方は分からなくても「いちご」がどんなものかが分かり、目に入れば、「これがそうだ」と分かる。（心で分かる）

②「いちごはどれ？」ときくと指せる。（名前という言葉で分かる）

③「い・ち・ご」と、三つの音のつぶでとらえ、それぞれのつぶを表す三つの文字が分かる。（文字が分かる）

④ひとまとまりの「いちご」という単語を見て意味が分かる。（書き言葉が分かる）この段階へ上がるとき、よく「い・ち・ご」と読んで「いちご」と読み直す、逐字読《ちくじよ》み→単語読みの二度読みがみられます。

⑤書くときには、おぼえている文字を、目と手の共同作業で、正しく「い・ち・ご」と表現する。（意味を、文字に変換する操作ができる）

「いちご」を、読み書きできるためには、これだけのことが必要です。大人には簡単なことでも、これから学ぶ子どもたちには、大変難しいことに違いありません。そんな子どもたちの立場にたち、心から言葉、文字、そして文字言葉と意味のマッチングと、一つずつ分かりやすい道筋で、読み書きの力をつけていきたいと思います。

まずは、影絵から物の形を見分け、名前を当てることから始めます。このような訓練は、いずれ黒一色で書かれる文字を見分ける、ウォーミングアップにもなります。このことをご理解の上、ゆっくり、はっきりした発音で、ほかの物の名前も、話してみましょう。その時、「〇〇ちゃんは、どれが好き？」、「動物園で、見たことあるよね？」と、それぞれの暮らしにつなげ、言葉からイメージを広げるやりとりも、おすすめします。この時、子どものちょっとした勘違いや、発音の間違いが見つかることがあります。たとえば、「ペンギン」を「ペンニン」、「うま」を「んま」、「ライオン」を「アイオン」、「うさぎ」を「うたぎ」などです。正しい読み書きに向け、できる範囲で、正しい発音を教えておきたいところです。「か行」や「さ行」、「ら行」は、苦手な子が少なくありません。その場合は、まず、周囲が正しい発音で、話して聞かせるところからお願いします。

専門の方々へ

視覚認知

事物の形が見えるだけではなく、知識や経験と照らし合わせ、それがどうであるのかが分かることを「視覚認知」といいます。たとえば、靴の左右や本の上下が反対になっていれば反対であると分かる、「め」と「ぬ」のように似ている文字をしっかり見分ける、書いた人により多少形が違っても、また活字の書体が違っても、同じ文字は同じと分かるなどです。見たものを、理解し判断する力とも言われます。

この視覚認知の力には、さらにいくつかの要素があり、読み書きに苦労する子どもには、そのうちのいずれかが弱いことがよくあります。そうすると、似ている文字どうしの違いが分からない、左右を間違える、正確に覚えられないなど、いろいろなことが起こります。そうした子どもたちに読み書きの力を育てるには、その不得手なところに周りが気づき、上手に練習を積ませることが必要です。『ゆっくりこくご』では、こうした「視覚認知」という「こころの目」を試し、育てる課題をたくさん取り入れています。文字を読むこと書くことは、こころの目で形を捉え、覚え、表現することに他ならないからです。

視覚的識別（Visual Discrimination）

視覚認知の要素の一つで、形の特徴を見極めどれとどれが同じか、逆に違うならばどこが違うのか、突き合わせて判断する、形どうしのマッチングの力です。この力がなくては、文字自体が意味や概念を持たないひらがなの形を習得することは不可能です。通常黒一色で表現される文字の識別にそなえ、ここでは子どもたちに分かりやすい形の識別を試し、練習します。

2 ちょっとだけ　みてあてる

今度は、影絵が一部分だけになります。そのため、部分的にしか見えないものから、全体をイメージする力が問われます。この力は、文字の一部しか見えなくても全体をイメージする力、そして一部を手がかりに、ひらがなや漢字を習得する力、それぞれの部分から全体を正しい文字にまとめ上げて書く力につながります。また、先生が黒板に文字を書いているとき、書いている途中の文字が分かり、速く書き写す力にもなります。

目に見えるもの以外でも、少ない手がかりから、人の話を理解する、あるいは物事を考える力にも通じます。自分の持ち物を、テーブルやハンカチからちょっとだけのぞかせたり、家族の洋服を、袖や襟、柄だけを見せて誰のかを当てさせたり、いろいろな方法で試せます。

専門の方々へ

視覚閉合（Visual Closure）

視覚認知のうち、部分的、断片的にしか見えないものから、全体像をイメージする力です。自分の洋服やカバンなら、ドアの向こうにちょっと見えただけでも、あそこにあると分かったり、黒板に書いている文字を、「い」や「み」なら一画目で分かって写せたり、「ね」や「わ」なら途中でどっちかな？　と想像したりなどの力になります。部分から全体を構成する力にも通じます。

「9みてかくかたちづくり」へのウォーミングアップでもあり、将来さまざまな部首から漢字を覚え、一つの文字に構成するためのステップでもあります。

3 こえであてる　おとであてる

ひらがなは、音をあらわす文字です。ひらがなを学ぶ予備訓練として、しっかりと音をとらえ、音から事物や様子をイメージする、心の耳を養います。問題文や吹き出しは、読めなくてもかまいません。ご家族が読んで質問してください。特に、「つるつる」、「がらがら」といった、様子の意味も含む言葉は、日本語の語感の理解を育てる上で、大切なことと思います。ぜひ、お風呂で「ぱちゃぱちゃ」、ぬいぐるみで「ふわふわ」、雨の日は「ざあざあ」、風の日は「ひゅうひゅう」など、いろいろな音や様子を表す言葉で、話しかけていただきたいと思います。

さらに、木の中や壁のむこうなど、見えない様子を想像することは、これから、物語などを読み取る上での、言葉からのイメージ力を育てることにもなります。ぜひご一緒に、やってみてください。

4 わかるかな?　どんなもの?

問題文は、読んであげて結構です。その上で、使い方や何をするものか、どんなふうになるかが分かるということは、「動詞の意味が分かる」ということです。そのことをご理解の上、ご家庭でも、たとえば、「かぶるもの」、「はくもの」、「着るもの」、「お湯をわかすもの」、あるいは「回るもの」、「光るもの」など、いろいろなものについて、質問し、当てっこをしてみてください。

専門の方々へ

太田ステージ

いくつかのテストにより認知発達段階を表すもので、ステージⅠ、Ⅱ、Ⅲ-1、Ⅲ-2、Ⅳ…と分類されます。自閉症を対象に開発されましたが、どの子どもにも活用できます。物には名前があることがはっきりと理解でき、物の用途(書く物・乗る物など)も理解できている場合、ステージⅢ-1以上となります。ここで問われるのは、ステージⅢ-1の段階の言語理解です。

この段階の力を確実にするには、切る物・かぶる物などの使い方、つまり動詞と表裏一体に事物を仲間分けする練習、乗り物や食べ物といったカテゴリーでくくる練習が効果的です。大きい・小さいも、2個なら分かりかけてきますので、お皿や手のひらなど、身近にあり目に見える分かりやすい物から教えてください。

5 なかまを　えらぼう

なかまが分かるということは、「ももとみかんは果物」、「電車とバスは乗り物」、というように、もう一つ広い意味のことが分かるということであり、大変すばらしいことだと思います。正解したときには、「どうして？」と聞いてみてください。上手に言えなくても、「何の仲間かな？　野菜？　果物？」というように、ヒントを出しながら、考えさせてください。間違えるときや分からないときは、「果物のなかまはどれ？」「動物の仲間はどれ？」などの、ヒントを出してあげてください。

発展

たとえば、「ももと果物は、どっちがたくさんある？」、「電車と乗り物は、どっちがたくさんある？」などと聞いてみてください。これが分かる子どもは、かなり言葉で考える力があります。また、できなくても、無理に教える必要はありません。

6 おとでしりとり

しりとりができるということは、①「り・す」と、二つの音のつぶ（モーラ）に分けられること、②うしろのつぶは「す」であること、③「す・い・か」と、三つの音のつぶに分けられること、④最初のつぶは、「す」であること、⑤だから、「り・す」の、うしろのつぶと同じであること、これだけの理解が必要です。また、文字は読めなくても、しりとりができるということは、このすべてが理解できることです。そして、この「音のつぶ」の理解は、日本語の読み書きの基本です。英語のしりとりは、たとえば「cup→paper、cake→earth」となり、日本語の音のつぶのしりとりとは全く異なることを考えるとよく分かります。できないときは、①〜④の、どこが分からないのです。どこが分からないのかを、よく考えてヒントを与えてください。

例

「りす」は、何の音と何の音で話す？
あとの方の音は、なに？
じゃあ、おなじ「す」ではじまる物を、さがしてみて
（ひとつずつ、読んでみてもいいです。）

さらに、ここでは、点と点を結ぶことで、目と手の共同作業が必要です。そして、しっかりと線を引くことで、筆圧（鉛筆にかける力）を、高める訓練になります。始点と終点を意識して、イメージした線を、しっかりと筆圧をかけて引けるということは、文字を書く前に、大変重要な基礎訓練となります。学習に取り組む心構えの意味からも、雑にならないよう、丁寧に線を引かせてください。

44ページからは、しりとりを流れ作業で行います。鉛筆の動きに、ブレーキをかけたり、アクセルをかけたりという作業を、繰り返すことになります。特に、ブレーキをちょうどよくかけることは、慣れないと結構難しいものです。そして、このような訓練は、線を組み合わせて文字を書くこと、日本の文字に特徴的な、「はらい・はね・とめ」の習得に向け、役に立つことになります。

さらに、46ページからは、直角よりもとがった角を作りながら、進みます。このことは、子どもにとっては、大変難しい高度な作業です。○よりも□、□よりも◇を書くことが難しいのは、このとがった角を描くのが難しいからです。上手に描くためには、まず鉛筆の一時停止ができること、そして目と手の共同作業が必要です。難しいときは、点のところで一度鉛筆を上げる、手を添えてゆっくり線を引かせるなどの方法を試してください。できないときは、無理することなく、その子の時期を待ちましょう。

専門の方々へ

モーラと文字

しりとりは、前の単語の最後のモーラを捉え、同じモーラで始まる次の単語をつなぐことに他なりません。モーラに対応するひらがなの学習において、読み書きの前段階の大切な力を育てます。このことをご理解の上、ゆっくり正しい発音で教えていただきたいと思います。しりとりの他、「の」で始まる言葉、「あ」で始まる言葉など、最初のモーラから言葉を想起する練習も効果的です。

次項「7 ことばのおと」では、いよいよ1モーラを対応する1文字で表す表記から、読みの練習に入ります。ひらがなは漢字のように意味を持たないので「の・り」の「の」というように、単語の中のモーラとして捉えることで読めるようになり、また身につきやすくなります。モーラ分解の理解に立ち、ゆっくり確実にお願いします。

7 ことばのおと

（文字は「ん」「を」を除き、11 12 13の「みてかく」の順に並んでいます）

文字と音のマッチングが始まります。難しいときには、まず下の物の名前を、一つずつ尋ねてみましょう。そうすることで、「この字は、のりの『の』だ」と、分かり易くなればそれでいいのです。最初の問題が分かるためには、①「の」の文字を正しく読めて、②のりというものが分かり、③「の・り」という二つの音のつぶが分かり、④だから「の」という文字で始まる、という理解が必要です。最初は下の絵から、またしばらくして、今度は、文字を読む方から、トライしてみるのもいいと思います。また「の」は、街の看板などに、「おべんとうの○○」というようによく見られます。暮らしの中でもぜひ読む練習をお願いします。

途中から、二つえらぶこともあります。「他にないかな?」という、注意力も試されます。できたときは、特にほめてあげてください。文字カードなどで読む練習をするのもよいと思います。「〜を」は、難しいようなら無理に教える必要はありません。

8 かたちさがし

子どもたちになじみのある具体物で、同じ形のものを探してなぞります。

これは、文字を見分けるための基礎訓練です。たとえば、「の」という文字も、いろいろな人の書く文字は、同じ活字のようにぴったりとは重なりません。活字でも、いろいろな大きさやゴシック体などの書体があります。それでも、「の」と読めるのは、「の」の形であることの共通点が分かるからです。そうした理解の準備体操に、ステップをおって形探しに取り組みます。

なお、この問題でつまずくときは、視力とは異なる「こころの目で理解・判断する力（視覚認知の力）」が弱い場合があります。訓練によりスキルアップすることもありますので、専門の医療機関にご相談ください。

専門の方々へ

形の恒常性（Visual Form-Constancy）

形の恒常性というのは視覚認知の一つで、ある対象が、置かれた環境や大きさなどの条件が変わっても、同じものは同じということです。近くで見る教科書の図形と遠くに見える黒板の図形、ガイドブックの中の文字や記号と街の中の表示などが同じと分かることなどです。○、□といったものが同じと分かることは、その概念の理解にもつながります。ネットを含むメディアにさまざまな書体の文字が登場する今日、まずはそうした単純な形の恒常性を捉えておきたいと思います。

図と地（Visual Figure-Ground）

これも視覚認知の一つです。自分に必要な視覚情報が「図」であり、周りにあるその他の不要な情報が「地」です。具体物ではなく、地模様の中で○や□を探すページでは、この力も試されます。この力は、黒板や本の中で見るべきところをしっかり見る、お店で探しているものを見つける、ネットで必要な情報を拾い出すなど、いろいろなところで必要になります。

9 みてかく　かたちづくり

はじめに「たりないところ」から。これができるには、①注意してよく見る、②違うところが分かる、③目と手の共同作業で正しく補う、というステップが要ります。ぜひ、コピーして繰り返してください。「おなじかたち」では、さらに、④どこから書くか、どこに書くかという、空間での配置や方向感覚、全体を構成する力が必要になります。やり方に慣れたら、しばらく左の図を見たあと、見えないように隠してやってみてください。⑤目で記憶する力の訓練になります。「ひらいたかたち」では、⑥手本のない仕上がりをイメージする力、そして「じゅんにかく」では、さらに⑦順序のルールに従って全体の形を構成する訓練をします。難しいときは、一つ目のマスの形を二つ目のマスに描き、それを、できれば順に三つ目のマスに描かせてください。ルールを守れなくても、この段階では、かまいません。

文字は、いろいろな線の組み合わせにより形作られます。こうした訓練は、すべて文字の形を見分け、似ている文字も共通点と違う部分をしっかりと頭の中で整理し、正しい書き順で正確に書くための練習に他なりません。特に、正しい書き順の習得は、正しく整った文字を書く上で必須の条件になります。

専門の方々へ

視覚（目）と運動（手）の協調

視線の動きは、手の運動を誘導します。マス目の中に形を描き、線と線のつながりや交差を正しく描くには、この「見ながら描く」という目と手の共同作業が必要になります。こうした練習は、マス目や罫の中に、上手におさまりよく正しい文字を書くことに向けた訓練でもあります。「6 おとでしりとり」では「点を結ぶ」、「8 かたちさがし」では「なぞる」という、その基本の課題に取り組みました。「10 てのたいそう　いろいろなせん」は、そうした訓練の、書字に向けた次のステップになります。

視空間関係（Visual Spatial Relationship）（方向感覚）

これも視覚認知の一つで、目に見えるものの上下左右が分かる力です。実生活の3次元空間では、前後の関係も加わります。上下左右の感覚は、もちろん自分の体を中心に育ちます。自分の左右が分からないことには、向かいにいる人の左右は分かりません。この力が弱いと、鏡文字を書いたり、偏と旁《つくり》が逆になったり、6と9、pとq、bとdを間違えたりということが多くなります。道を間違えたり、球技で苦労したりすることもあるようです。衣類や履物の上下・左右・前後、学校内や外での方向の理解にも通じます。ここはスペースの中で、「上から下へこう書いて」、「左の方は…」と意識しながら取り組めるよう、「どっちからどっちへ書く?」、「右の方はどんなふう?」などと声をかけるのもよいと思います。

図形の記憶（Visual Memory）

見ないで描くことでは、記憶の力も問われます。この力は、刻一刻目に見えるものを、頭の中のボードにとめ置き作業する力です。この力が弱いと、黒板に書かれたことをノートに写すのに時間がかかったり、時計や持ち物を何度も確かめたりなどのことが起こります。

10 てのたいそう　いろいろなせん

文字を書く練習ももうすぐです。準備体操に、いろいろな線を書いてみましょう。いろいろな線を、心づもりしたとおりに書けることは、文字を書く上で大切な力ですが、子どもにとっては、けっして易しいことではありません。ここでは、始点と終点を意識して、直線と曲線を描く練習をします。こうした練習は、しっかりとした文字を書くための筆圧を高める訓練にもなります。すべて、終点は「とめ」になります。はっきりとした線を書いたあと、しっかりと鉛筆にブレーキをかける訓練を積みます。「はらい」や「はね」は、「とめ」ができて初めて、意識して正しく書けるようになるものと思います。「はらい」や「はね」は、実際の文字を学ぶ中で、一つずつ扱います。

11 みてかく　とけいまわりのもじ

さぁ、文字を書く練習が始まります。文字は、読み方を学んだ、「7 ことばのおと」の順に並んでいます。(「ん」「を」を除く)『ゆっくりこくご』では、目でとらえる力と、頭で覚える力、手で書く力、つまり、「インプット、保存、アウトプット」を、総合的に援助していきます。そのために、まず時計回りの文字だけを、単純な形のものから扱います。(文字の下の言葉では一部、回転しない文字を含みます)これは特にLDの子どもによく見られる、鏡文字を防ぐねらいもあります。

ここで「の」を学ぶにあたり、できましたら、秒針のついている大きめの時計の前に子どもを立たせ、後ろから手を取り、ご一緒に時計回りに肩から手を大きく回し、「の」と言いながら書かせてみてください。このように体で文字を覚えることで、しっかりと向きを記憶しやすくなります。

マスの中のどこから書き始めるかは、正しくきれいな文字を書く上で大切なことですが、子どもたちにとり、しっかり教えないと意外に分からないものです。そのため、初めて書く文字については、書き出しの鉛筆をおろすところを、右上の欄では○、左の欄では・で示しています。(↘)正しい位置から書き出すことで、マス目に収まりのよい形の整った文字を書きやすくなります。少し慣れたら、「4つの内マスのどこから」という方法でよいと思います。二つ目の文字「つ」からは、すでに学んだ文字(たとえば「の」)はグレーで表示し、なぞり書きをする、まだ出ていない文字は、黒で読むだけというルールです。読めたら合格、読めなかったら「7 ことばのおと」へもどって復習してください。

プリントでは、まず、手本の文字をなぞってみましょう。このとき、最後は「はらい」になります。力をぬく抜き方は、初めての子には大変難しいことに違いありません。何度でも手本を見せて、また空中で手を動かしながら(私はこれを、「お空の黒板」と呼んでいます)、練習させてください。難しいときは「とめ」になっていても、全体として、「の」と読める形になっていれば、十分と思います。しかし、ある程度形を書けるようになったら、できれば「とめ」の癖がついてしまわないように、タイミング良く「はらい」の書き方を教えていただきたいと思います。「はね」では、間違いであるように、「とめ」も完全に正しくはないからです。

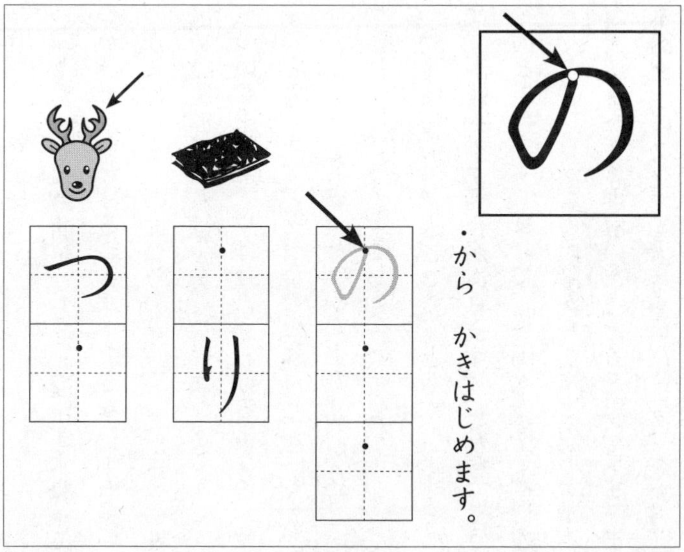

左のマスでは、文字のつく単語を、学びます。ひらがなは音を表しますが、意味を持ちません。ですからこのように、意味のある言葉の中で、「『のり』の『の』」と、意味を補いながら、学ぶ必要があるのです。

「す」は、はらいますが、「よ」は、とめになります。そして、このよという部分は、「ま」「は」「ほ」などでも、すべて同じように、とめになります。小さい丸を作る他の文字「な」「ぬ」「ね」も、すべてとめになります。「はね」「とめ」「はらい」や書き順を教えない書道の先生も、学校の先生もいません。こうした要素を、初歩の段階からしっかりと教えていくことが、日本語特有の文字文化を学ぶ基本であり、上手な文字を書くための力になります。しかし、難しいようでしたら無理は要りません。

12 みてかく　はんたいまわりのもじ

ここからは、時計と反対回りの文字になり、しばらく時計回りの文字は、お休みになります。(文字の左の言葉では一部、回転しない文字を含みます) おくれがちの子どもは、あれこれ一緒にではなく、このように仲間ごとに、まとめて教えることで、混乱することなく身につきやすくなります。

「て」や「ひ」で、とがった角を描くことは、◇でも説明したように子どもにとって大変難しいことです。角でしっかり一時停止ができるよう、「ピッ」と声をかけたり、線のターンができるよう手を添えたりしながら、またお空の黒板でも何度も練習してみましょう。

「て」と、「と」の曲がり方は、違いますね。これらの曲線を、しっかりと書きわけることは、できない子も多いと思います。最初のうちは、「て」の曲がり方が、「と」のように曲がりすぎていても、読める範囲であれば十分と思います。しかし、大ざっぱな形が身についた段階で、やはり書きわけるように、教えておいたほうがよいと考えます。それはたとえば、「風」や「気」という文字の「そり」と、「九」や「元」という文字の「曲がり」といった高度な形の違いを学ぶ上での、基礎になるからです。

幼少時を海外で過ごした子どもが、漢字らしい漢字を書くことに、困難を示す場合があります。これは、そうした訓練の不足も一因と思います。まして、外国人の漢字習得の困難を考えていただくと、ひらがなの段階から、文字の形と基本様式、書き順を学ぶ大切さを、ご理解いただけると思います。書道は、そうした日本語文字の文化でもあると思います。その意味で、「無理をすることなく、それでもタイミングよく基本を教える」というスタンスが必要と思います。

13 みてかく　まわらないもじ

回転性のない文字を学びます。ここで重要なことは、線の要素のかたむきやふくらみ、はねの方向を、正しく身につけることです。特に、形を捉える力が弱いタイプのLDの子ども（WISC-Ⅳでは「知覚推理」の合成得点が低いタイプ）は、こうした要素の学習に苦労します。分かる者には簡単な文字も、たとえば、私たちの体験する文字化け画面のように見えて、分かりにくいのです。そうした子どもの困難に思いを寄せ、繰り返し練習させていただきたいと思います。

その時、たとえば「ふくらみ」と「はね」は、必ず反対側であるということを、言葉でも教える、「い」の最初の部分であれば、「左へふっくり右へちょん」など、絵描き歌ふうの補助を使うなども、試してみてください。

14 おなじもじさがし

たとえば私たちは、野球のボールが遠くに小さく見えても、近くで見るボールと同じボールだと分かります。その上で、距離を理解します。読み書きにおいても、大きさや書体が違っても同じ文字だと分かる力は、ネットを含むメディアにさまざまな文字が氾濫する今日、かなり重要であると思います。そして、アルファベットで同じ文字の筆写体と筆記体、大文字と小文字の関係を理解することにもつながります。

ここは、ぴったり重ならなくても同じ文字と分かる力（**形の恒常性**）、また傾いているものを傾いていると分かる**方向感覚**の力も合わせて取り組む課題です。この単元はコピーを取り、線を引く練習とともに何度か取り組みたいところです。そのとき、「これとこれ」と見通しを立ててから線を引き出すようにお願いします。落ち着いて立ち止まり、見通しを立てることは、学習の高度化とともに大切な力になるからです。

15 こうえんで　かくれんぼ

本書の最後は、身近な公園でのしあわせ探しです。文字をつなげて言葉にすることは、音から意味を紡ぎ出すことであり、けっして簡単ではありません。難しいようでしたら、左の絵の方から考えさせてください。それでも難しい時は、絵の名前を言わせて、「うさぎ」にできる？　というように、ヒントを出してください。

ここまでサポートしてくださったご家族や先生方、ご苦労さまでした。このプリントを学びおえた子どもたちが、しあわせのあおいとりを見つけ、絵に色をぬる姿に思いをはせながら、ペンを置きます。

参考文献

加我牧子『新版小児のことばの障害』東京、医歯薬出版会社、2000.

坂爪一幸『特別支援教育に力を発揮する神経心理学入門』東京、学研教育出版、2011.

柏木惠子他『発達心理学への招待』京都、ミネルヴァ書房、2003.

小池敏英他『LD児のためのひらがな・漢字支援　個別支援に生かす書字教材』京都、あいり出版、2006.

本多和子『発達障害のある子どもの視覚認知トレーニング』東京、学研教育出版、2013.

永井洋子、太田昌孝『太田ステージによる自閉症療育の宝石箱』東京、日本文化科学社、2012.

各単元で問われる力・育てる力	視覚認知※（心の目の力）							注意力		言葉の力				
※印の用語は、解説の 専門の方々へ で説明しています。	視覚的識別※	形の恒常性※	視覚閉合※（部分と全体構成）	図と地※	目と手の協調※（共同作業）	視空間関係（方向感覚）※	図形の記憶※	選択性（選ぶ・見つける力）	持続性（粘り強く続ける力）	知識	音の識別	イメージする力	意味の理解	モーラ（音のつぶ）分解※
1 見てあてる…だれかな？なにかな？	●	●						●		●				
2 ちょっとだけみてあてる			●					●		●		●		
3 こえであてる　おとであてる								●		●	●	●		
4 わかるかな？どんなもの？								●		●		●	●	
5 なかまをえらぼう								●		●			●	
6 おとでしりとり					●			●		●	●			●
7 ことばのおと	●							●		●	●	●	●	●
8 かたちさがし	●	●		●	●			●	●				●	
9 みてかく　かたちづくり	●		●		●	●	●	●	●			●		
10 てのたいそう　いろいろなせん					●				●					
11 みてかく　とけいまわりのもじ	●	●			●	●	●		●	●	●		●	●
12 みてかく　はんたいまわりのもじ	●	●			●	●	●		●	●	●		●	●
13 みてかく　まわらないもじ	●	●			●	●	●		●	●	●		●	●
14 おなじもじさがし	●	●		●	●	●		●	●					
15 こうえんで　かくれんぼ	●			●				●	●			●	●	

文字の学習では、表のように視覚認知（心の目の力）、注意力、言葉の力のすべてが必要です。●印を手がかりにおおよその得意・不得意を測り、不得意な分野については、専門の先生にご相談いただきたいと思います。そして、「鉄は熱いうちに打て」と言われるように、チャンスを逃すことなく、生来の力を引き出し伸ばしてくださるようお願いいたします。

小児科医がつくった

おくれがちな子、LD児、ADHD児など、どの子も伸ばす

ゆっくり こくご プリント

こころ・ことば・もじ

武田 洋子 著

ゆっくり こくご プリント

こころ・ことば・もじ

もくじ

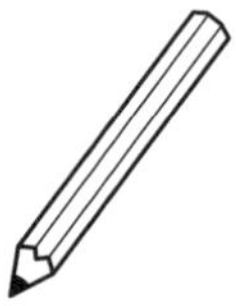

1

みてあてる…だれかな？
なにかな？

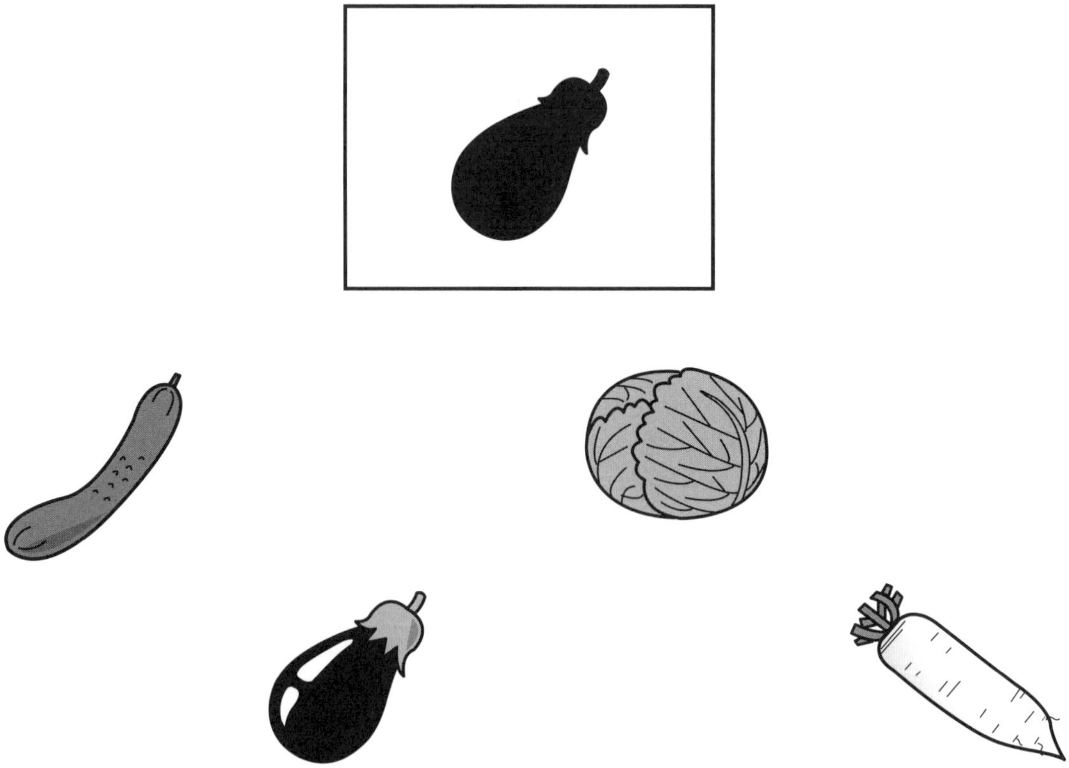

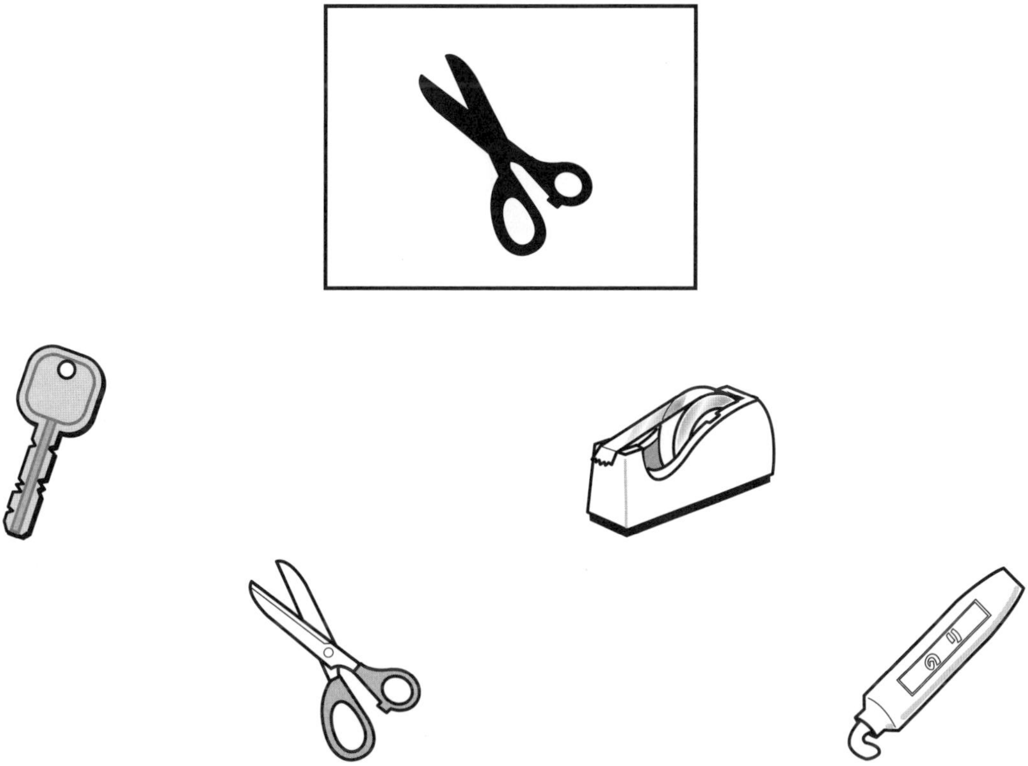

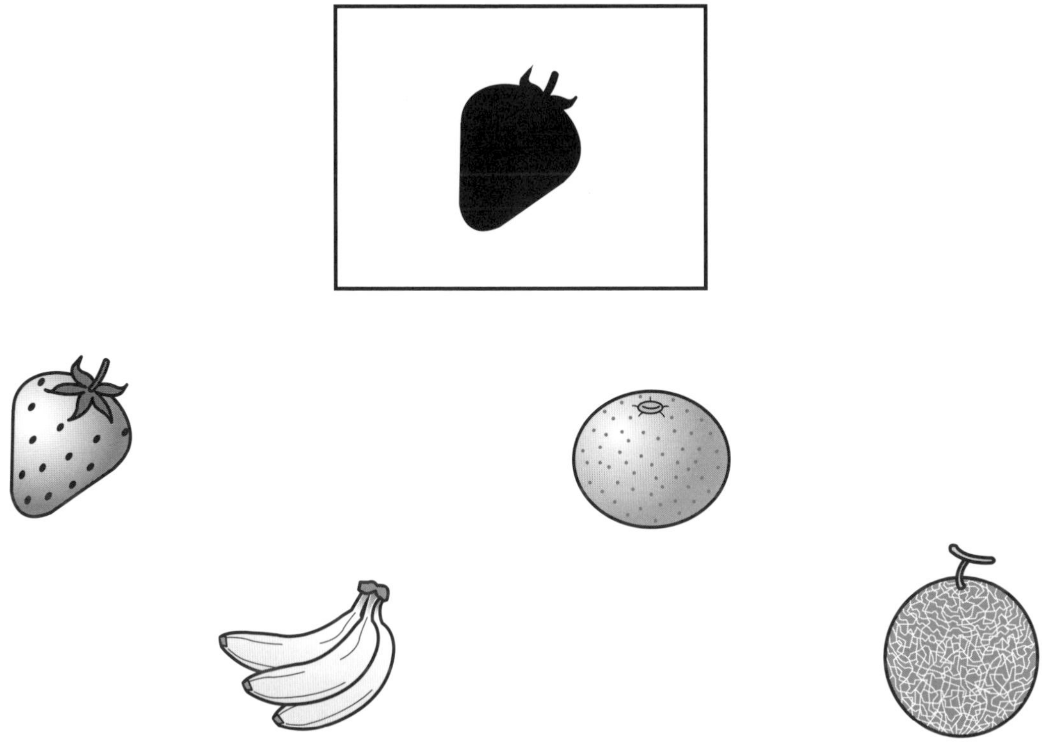

2

ちょっとだけ　みてあてる

3

こえで　あてる　おとで　あてる

みいん
みいん

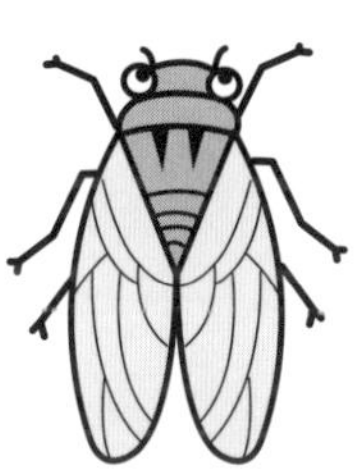

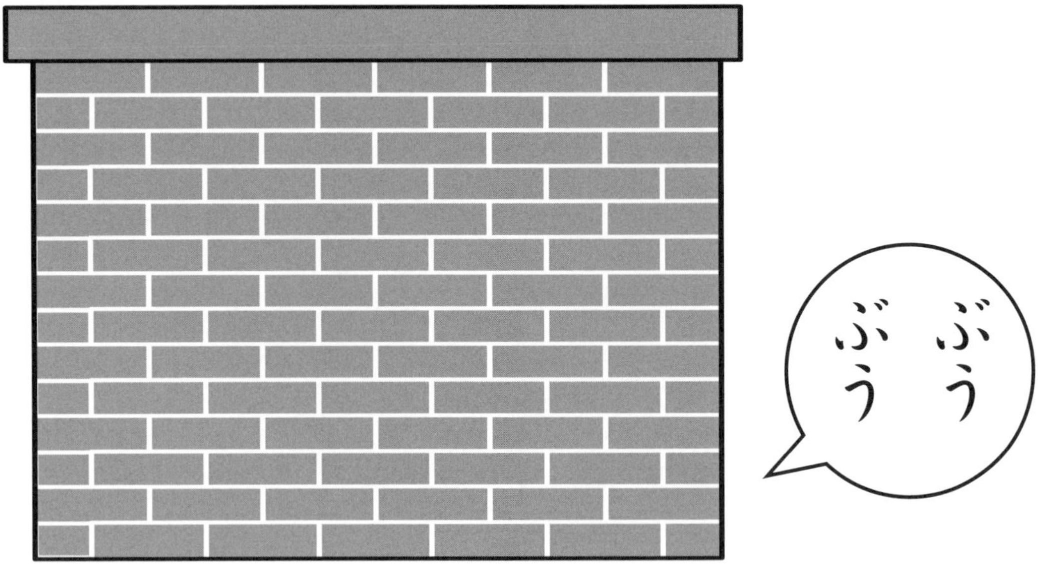
ぶう ぶう

わん
わん

ぴいぽう
ぴいぽう

ちりん ちりん

TAXI

つるつる

がら
がら

4

わかるかな？　どんなもの？

たべる　とき　つかう

のむ　とき　つかう

きる　とき　つかう

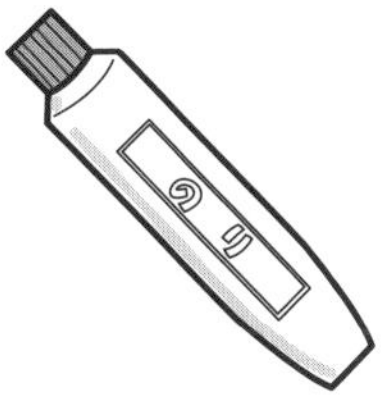

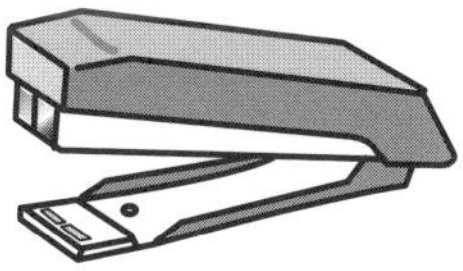

かく　とき　つかう

ねる　とき　つかう

あらう　とき　つかう

よむ　もの

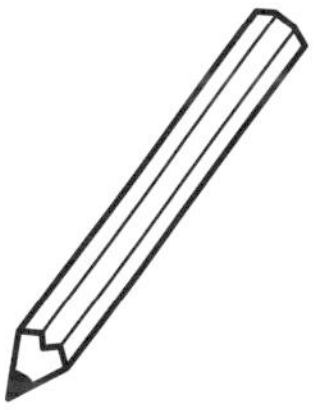

はなす　もの

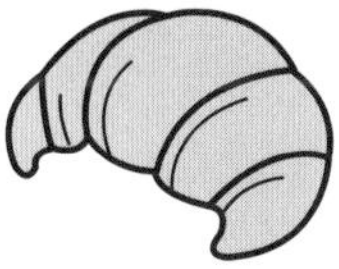

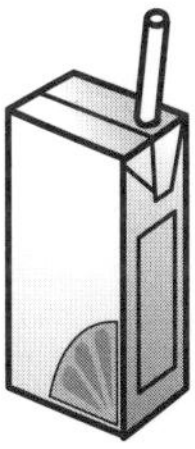

すわる もの

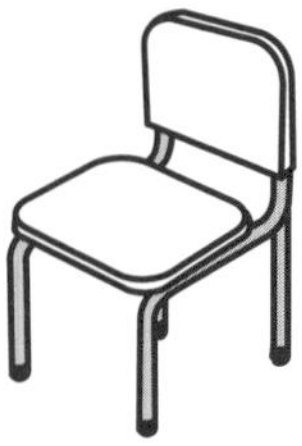

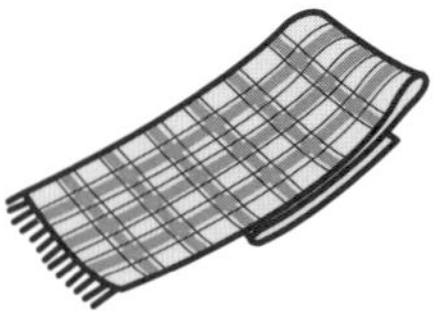

みる もの

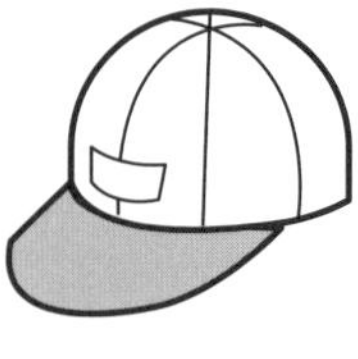

のる もの

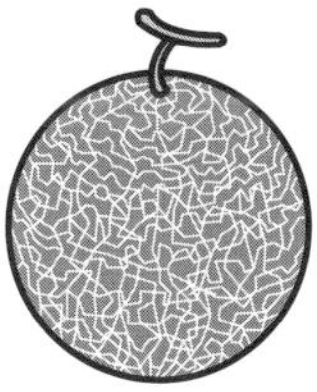

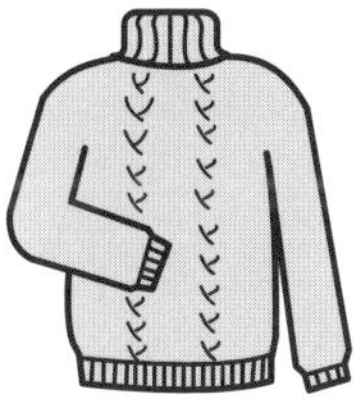

かなでる もの

はしる もの

とぶ もの

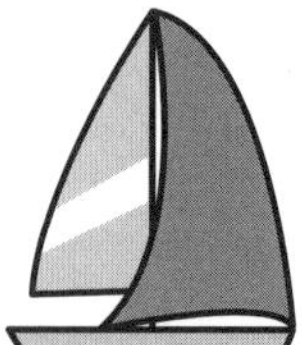

まわる もの

さく もの

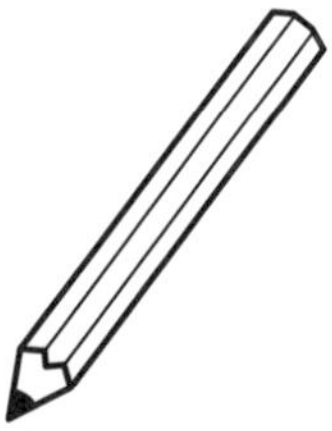

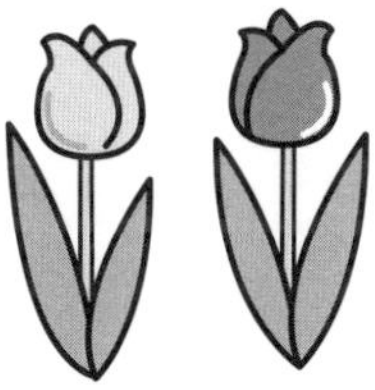

5 なかまをえらぼう

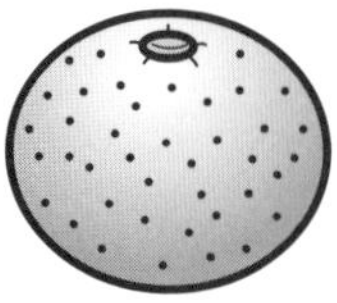

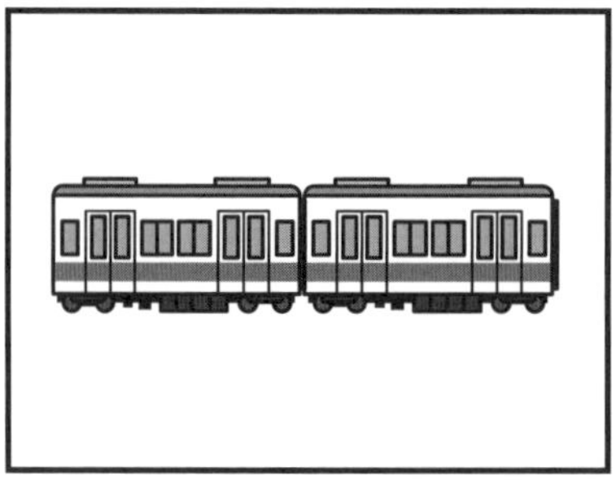

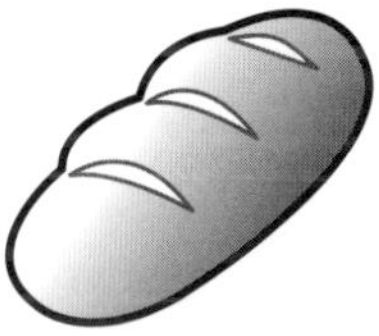

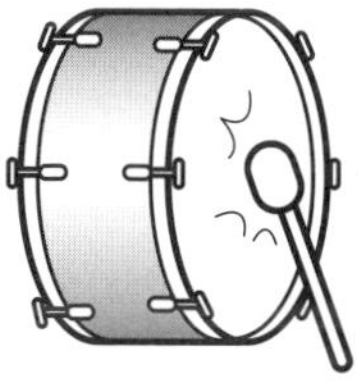

Television

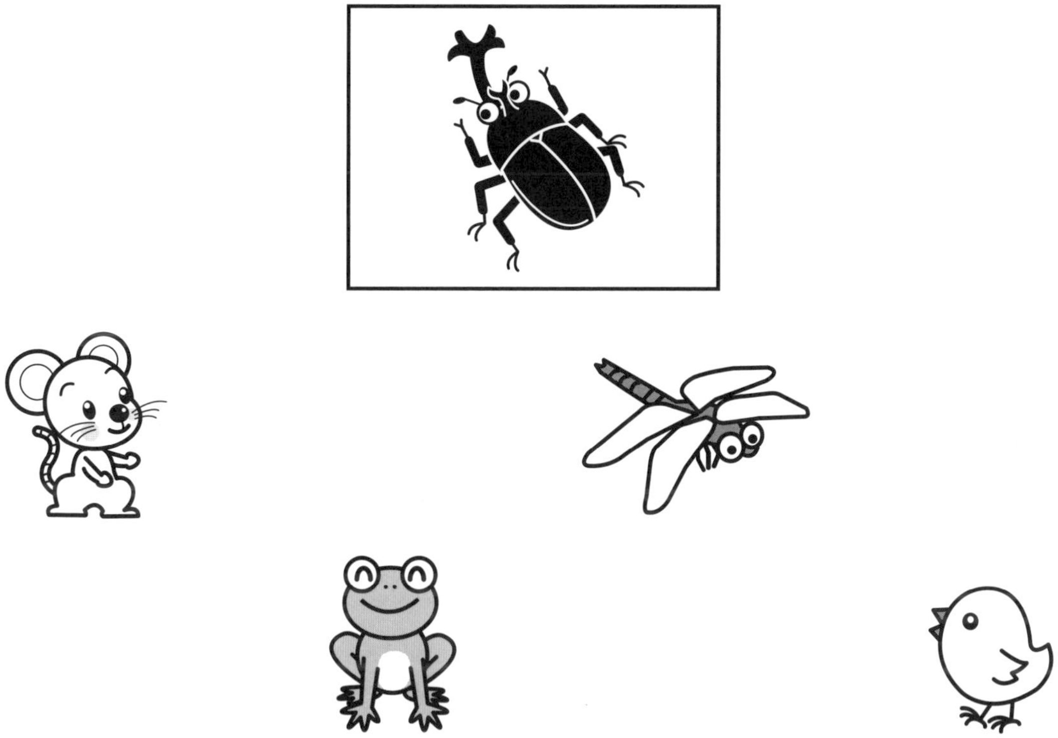

6 おとでしりとり

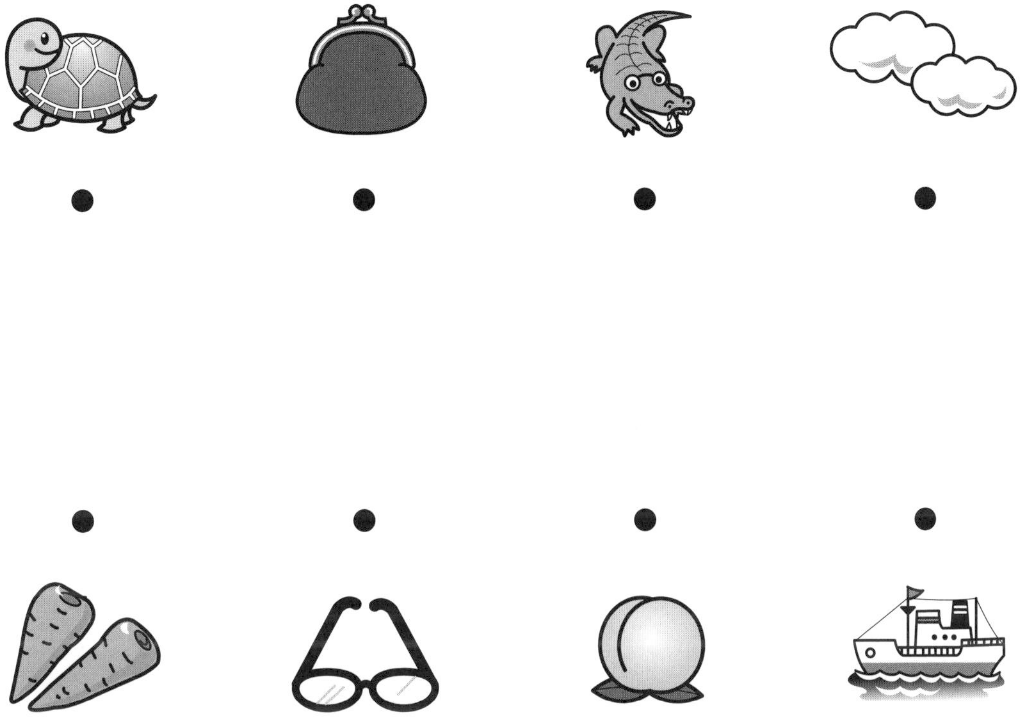

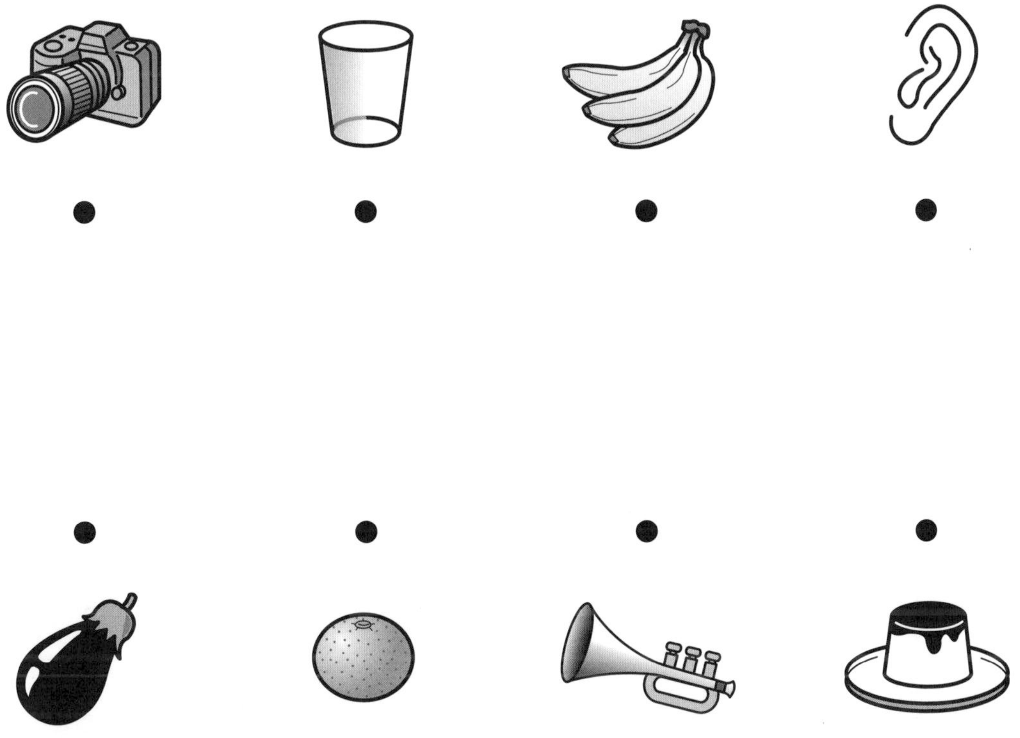

日本郵便
82
NIPPON

八

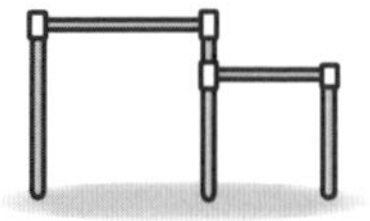

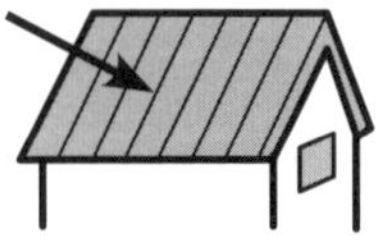
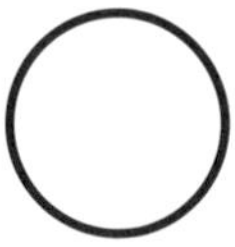

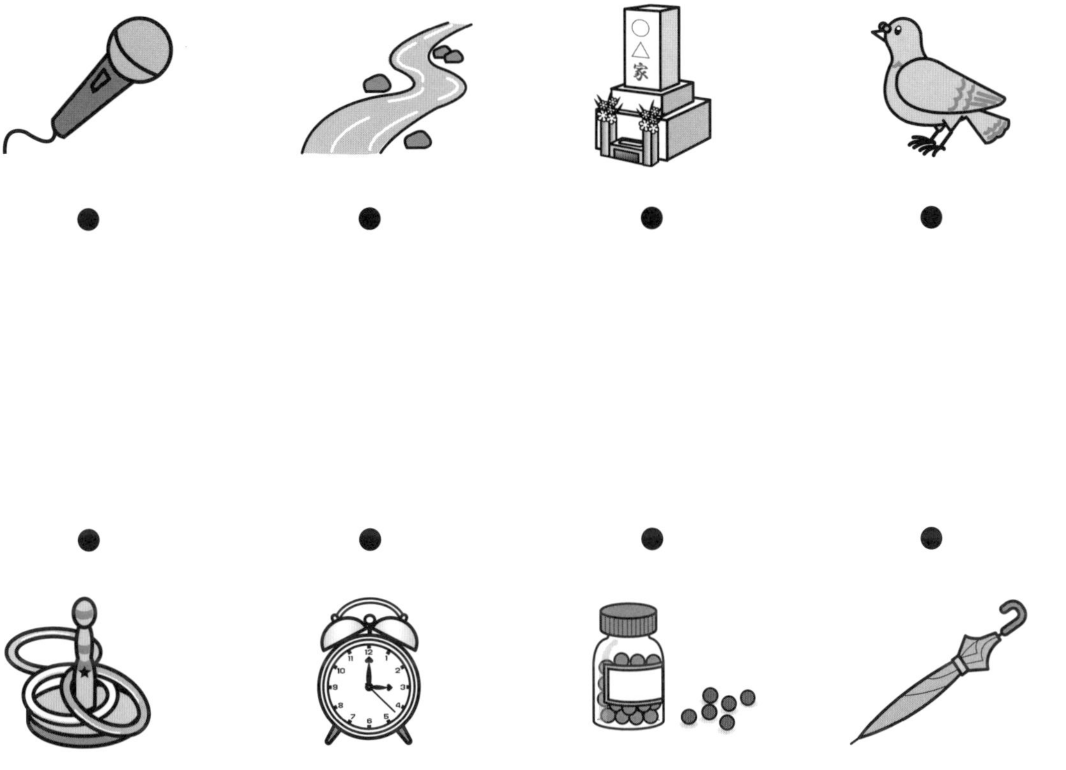
○△家

しりとりを　しながら　つなぎましょう

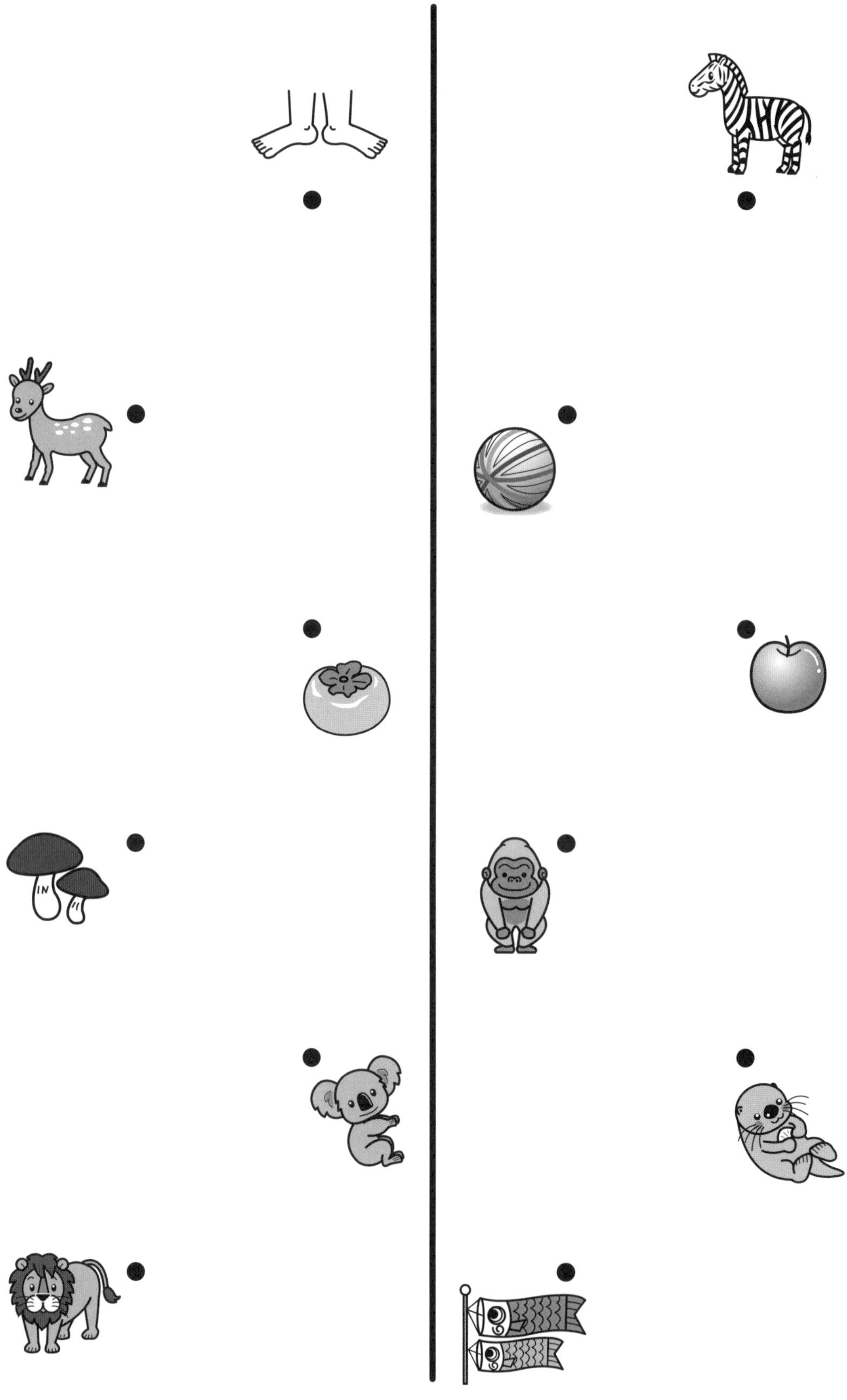

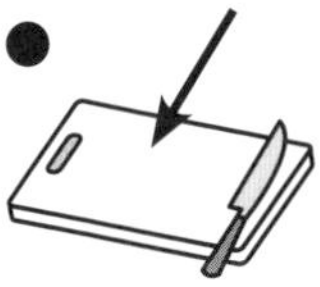

○○えき

日本郵便
82
NIPPON

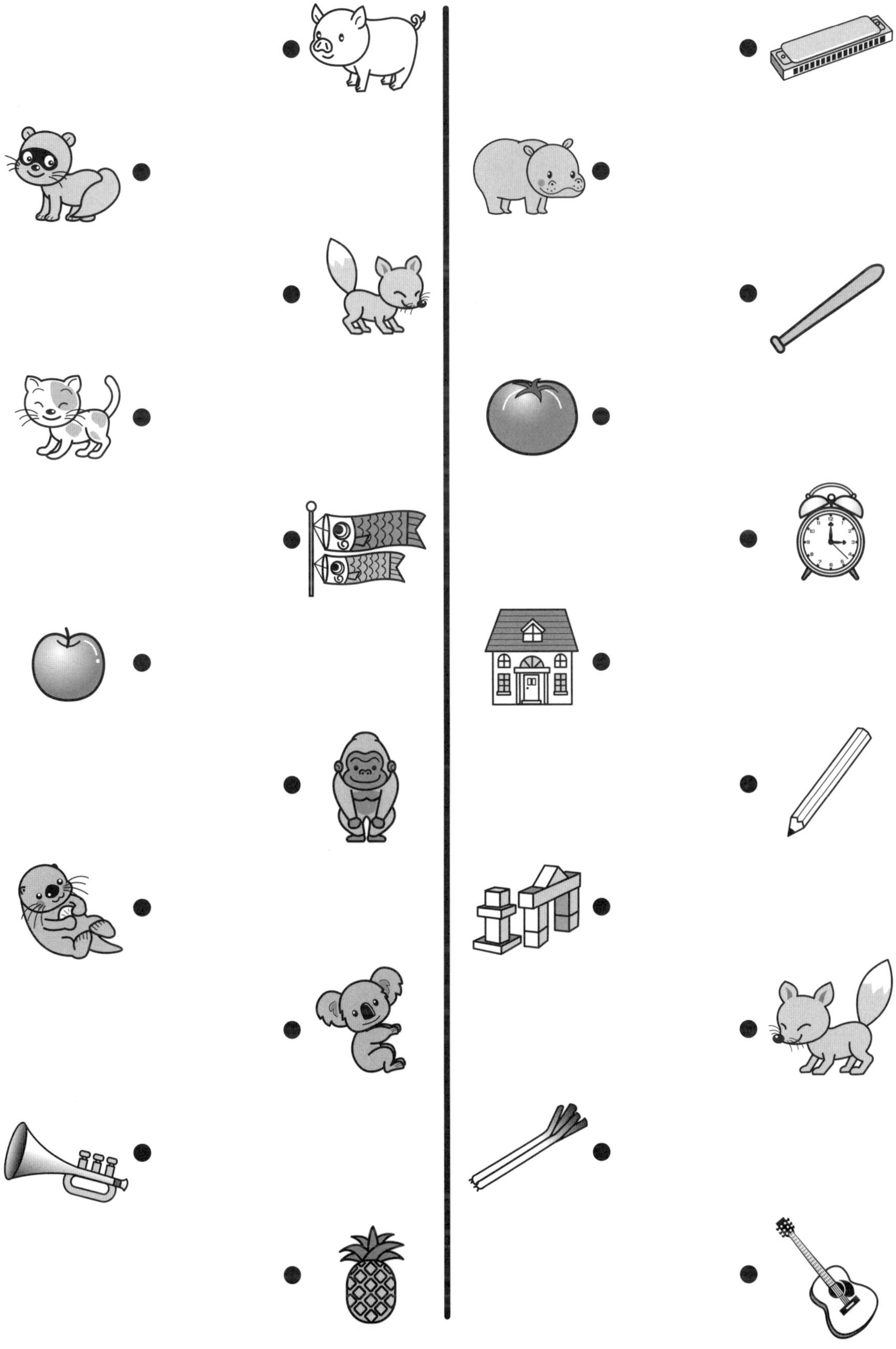

7

ことばのおと
うえの　もじで　はじまる
ものを　えらびましょう。

の

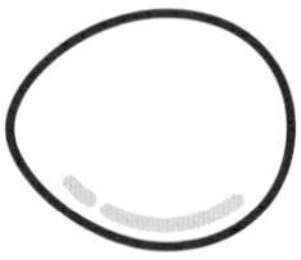

つ

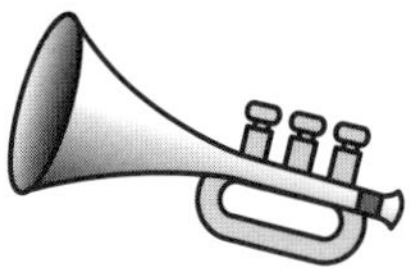

ろ

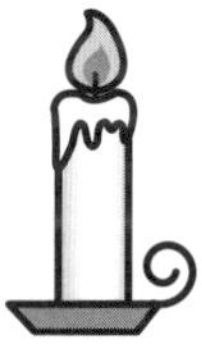

る

す

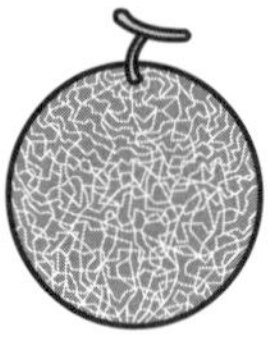

よ

ち

み

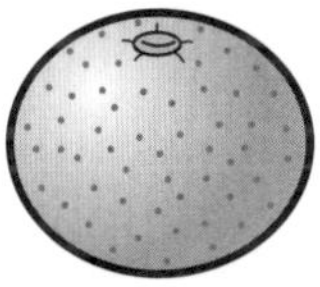

う

ら

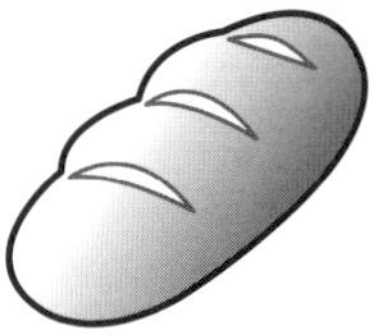

ま

ほ

は

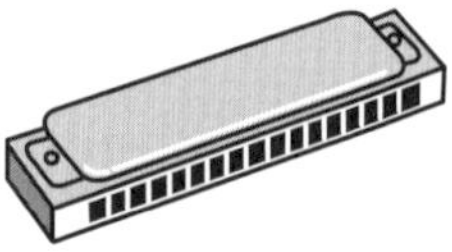

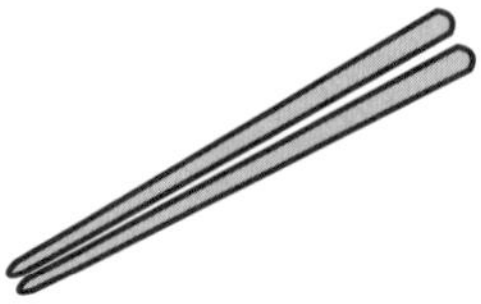

な

あ

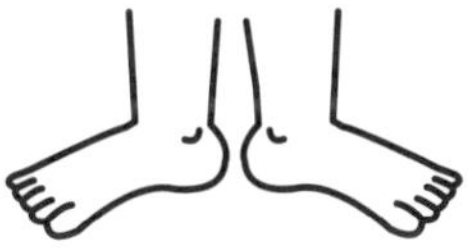

お

や

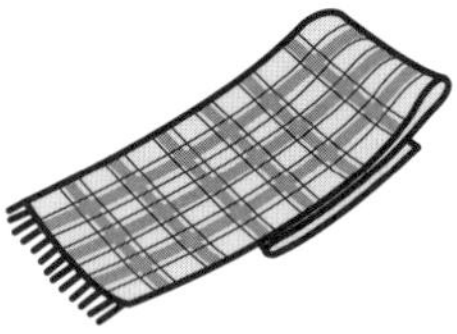

ふ

わ

ね

か

ゆ

め

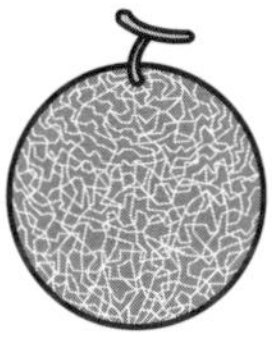

ぬ

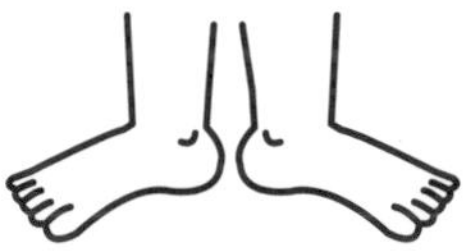

り

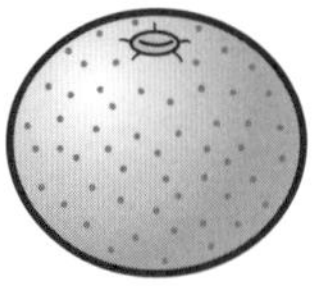

け

し

も

て

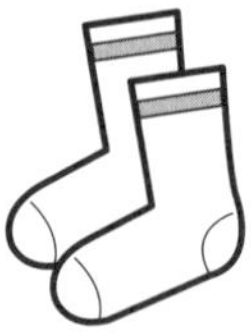

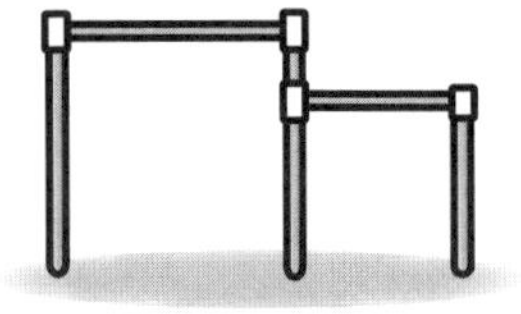

と

く

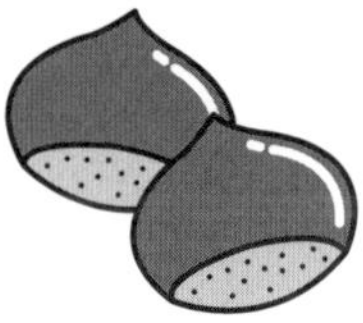

ひ

さ

き

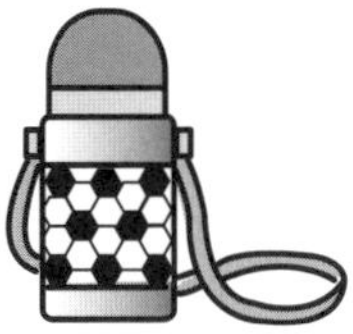

せ

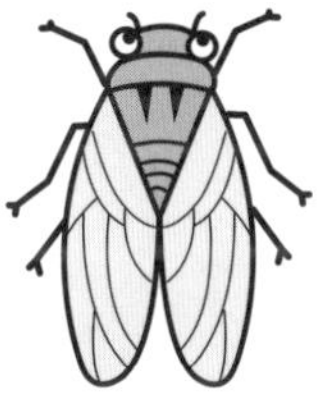

そ

む

れ

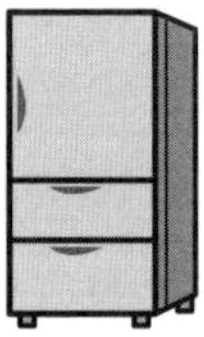

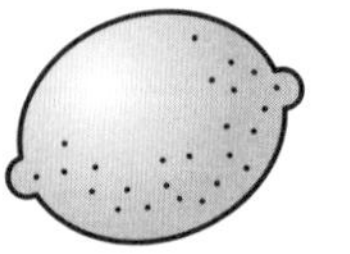

い

こ

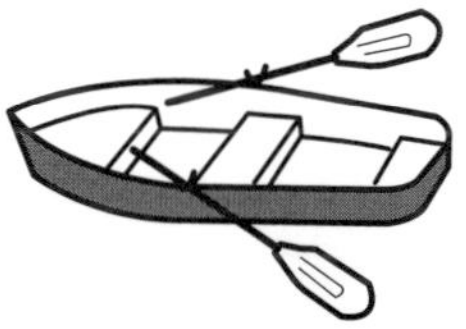

た

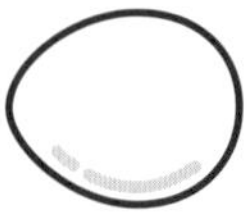

に

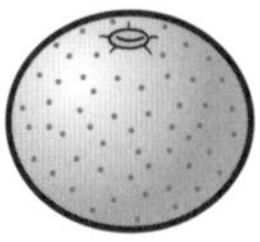

へ

え

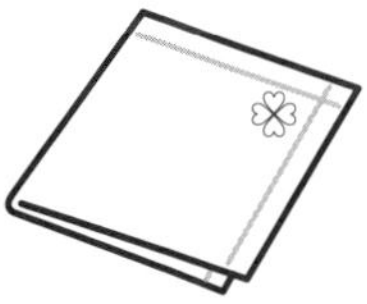

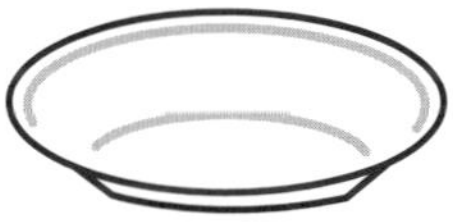

「ん」で　おわる　ことば

ん

「を」を　つかう　いいかた

を

8

かたちさがし

まるい　かたちを　みつけて　なぞりましょう。

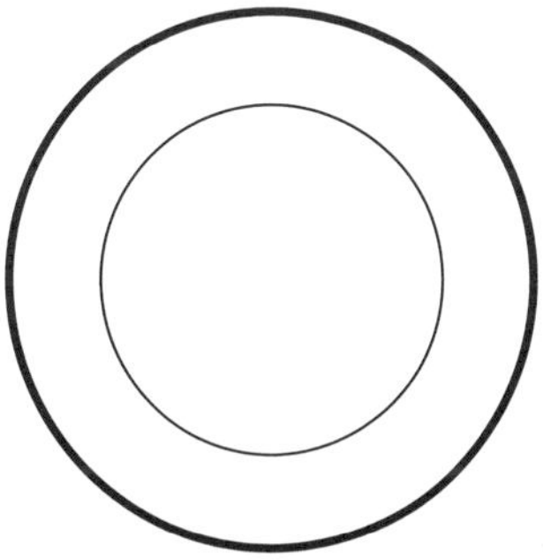

しかくい　かたちを　みつけて　なぞりましょう。

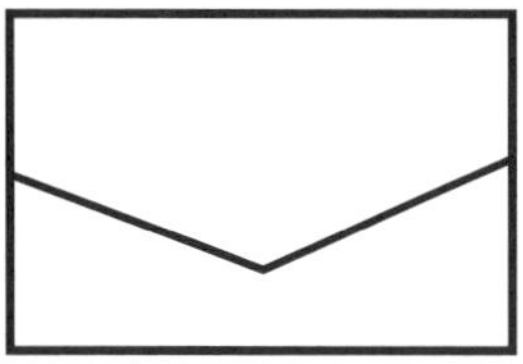

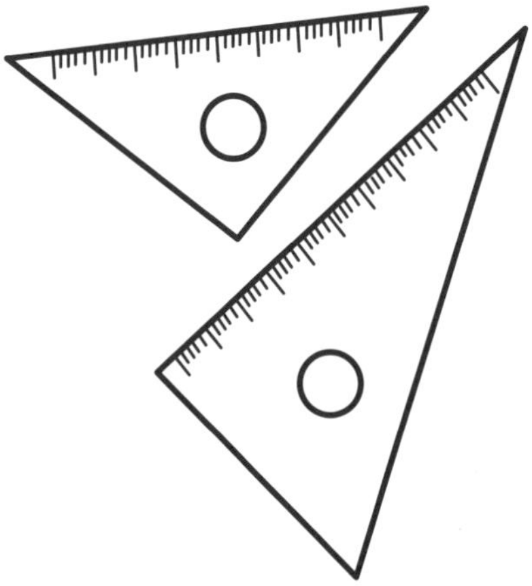

まるい　かたちを　みつけて　なぞりましょう。

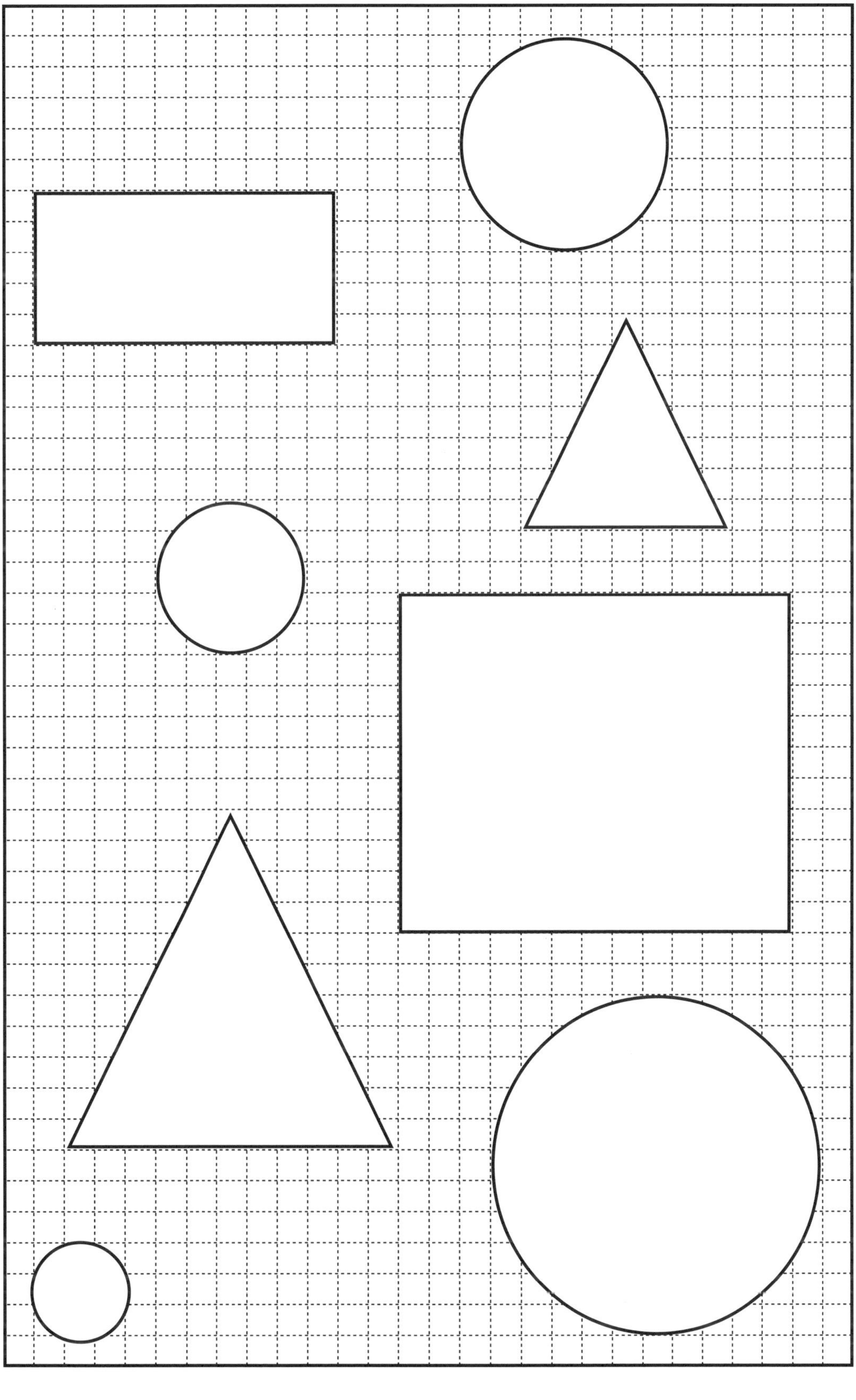

しかくい　かたちを　みつけて　なぞりましょう。

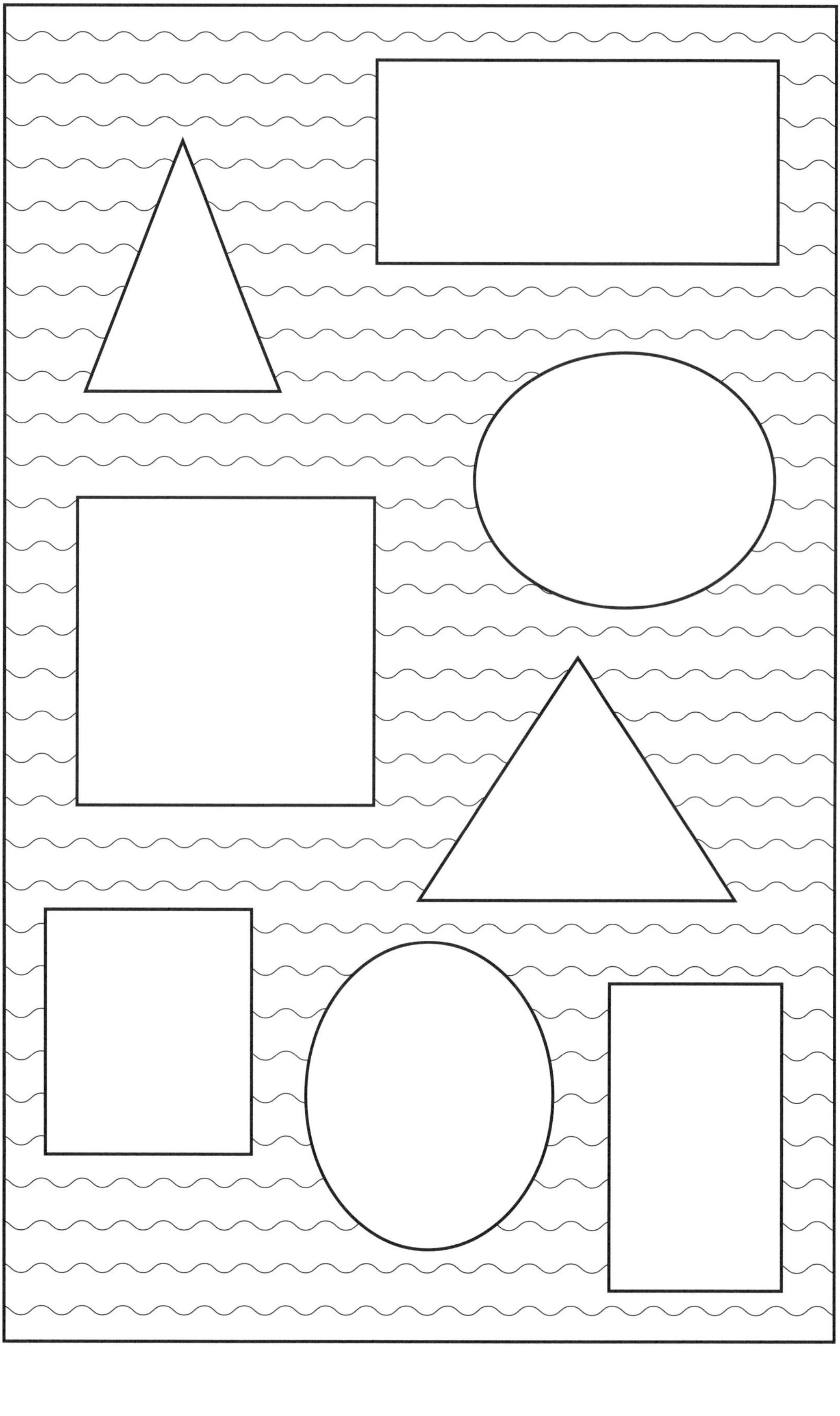

9

みてかく　かたちづくり…たりない　ところを　かきましょう。

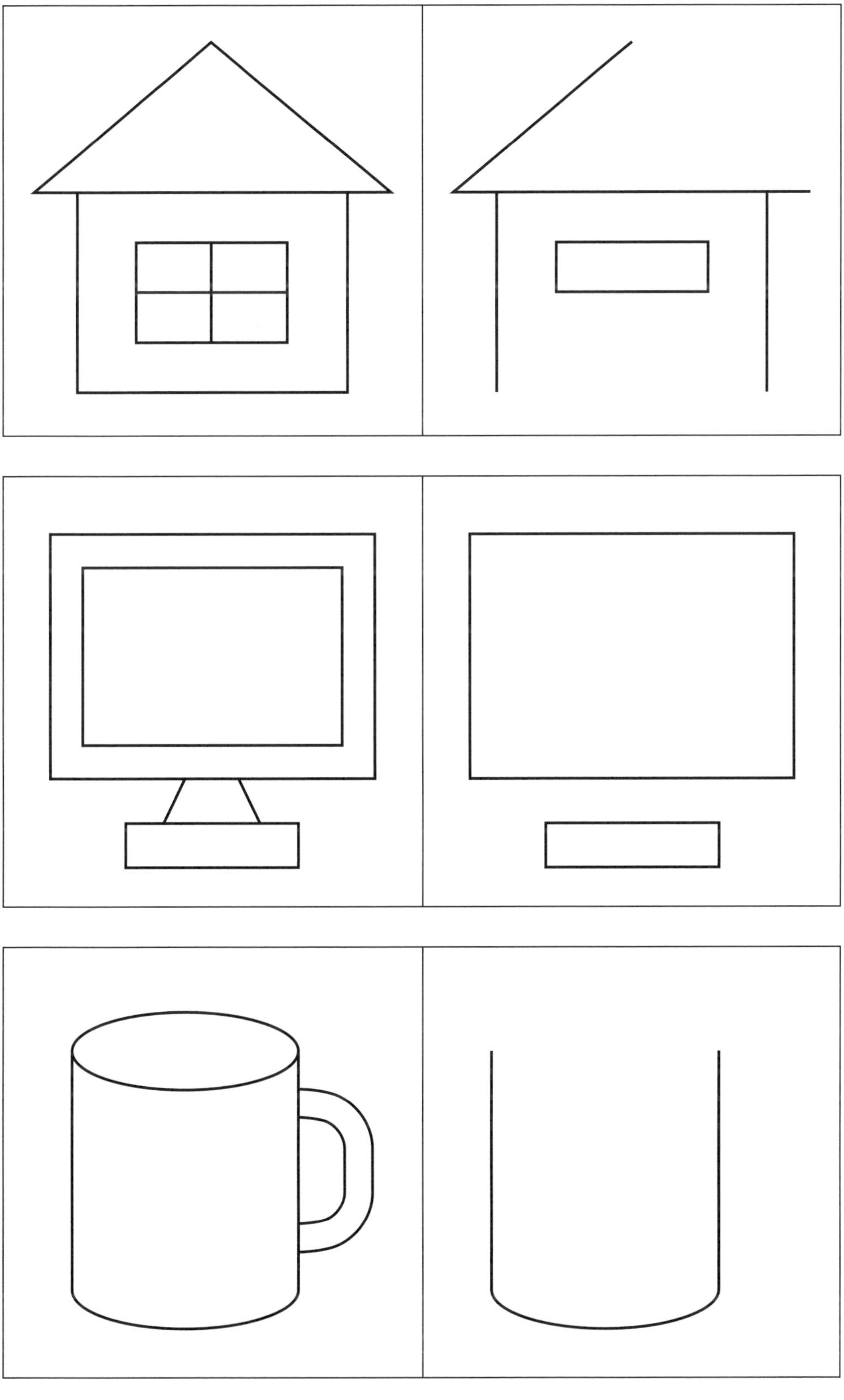

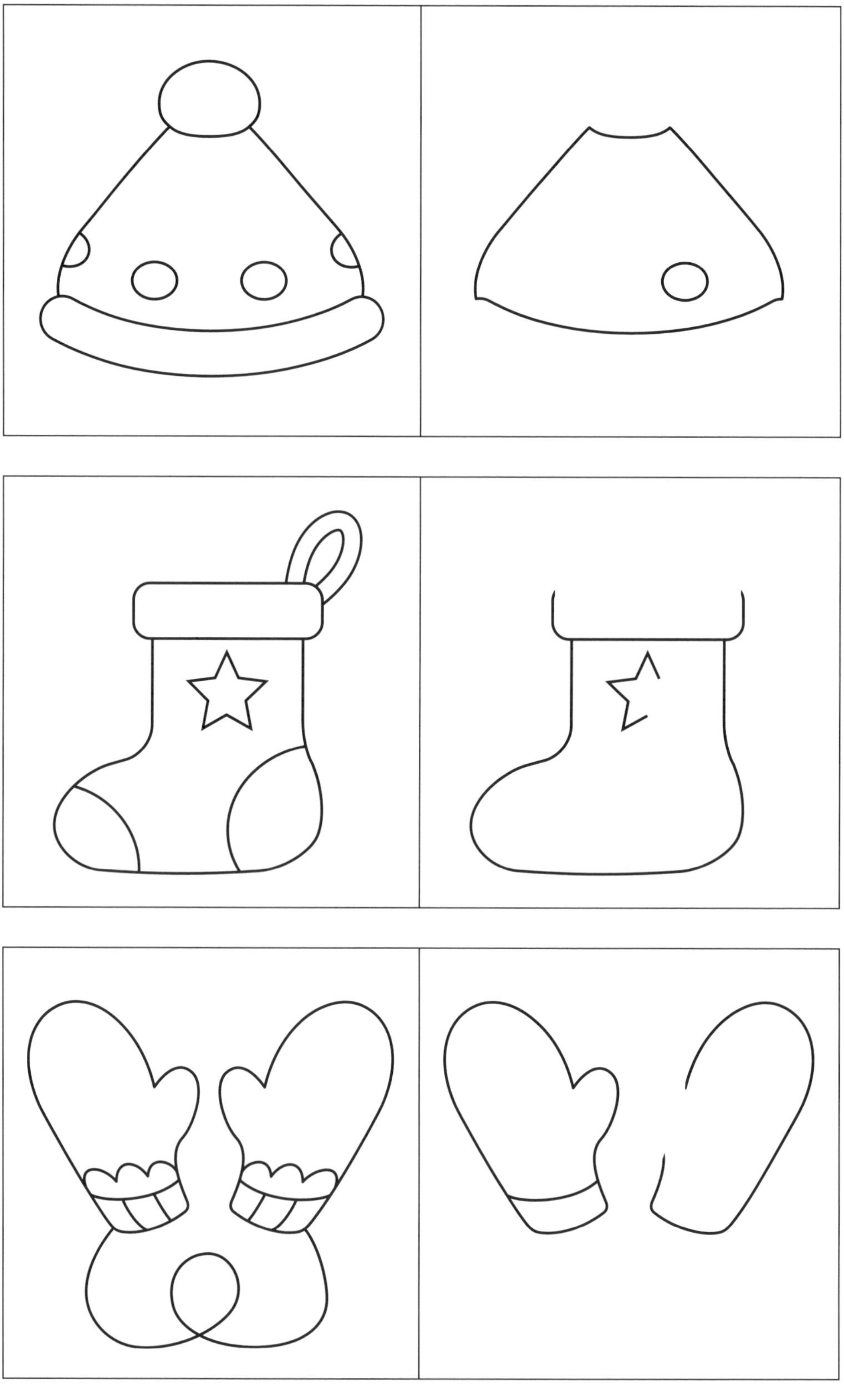

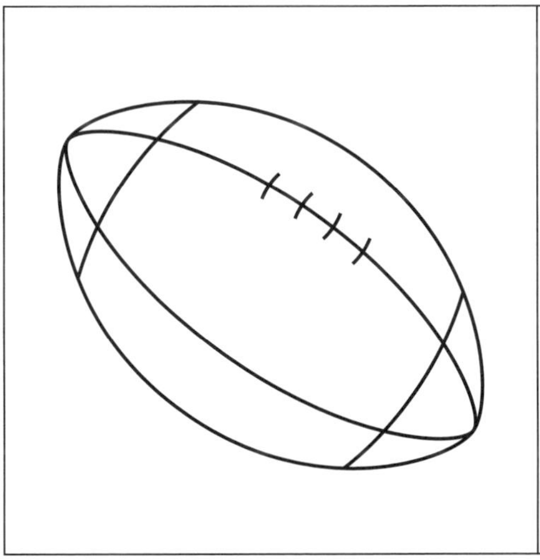
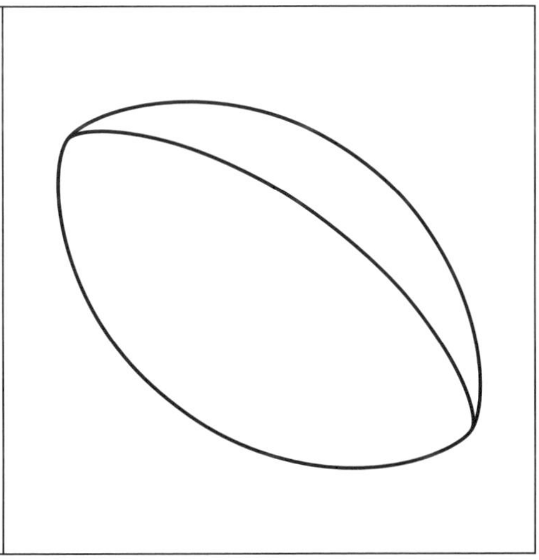

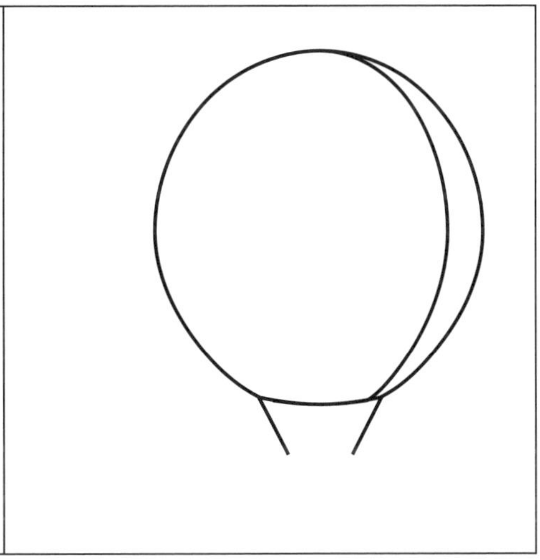

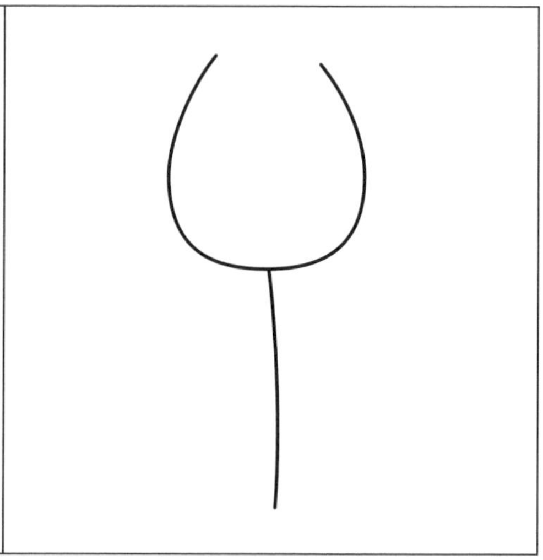
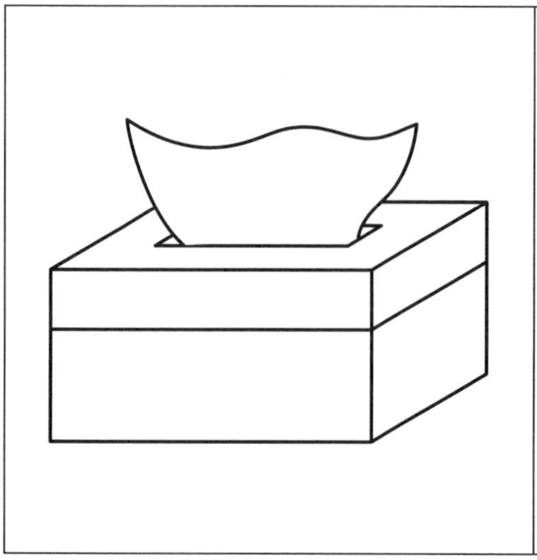

おなじ　かたちを　かきましょう。

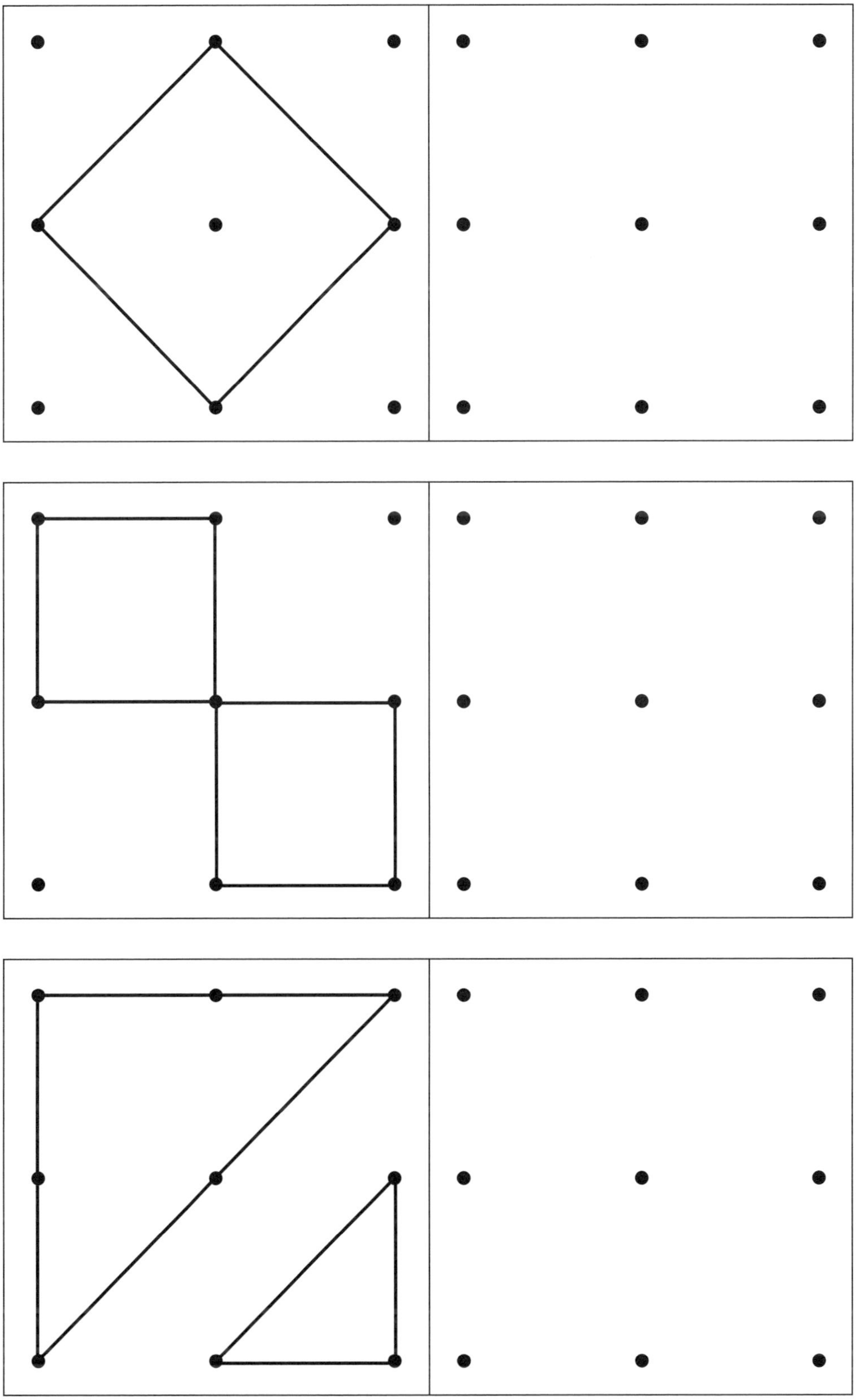

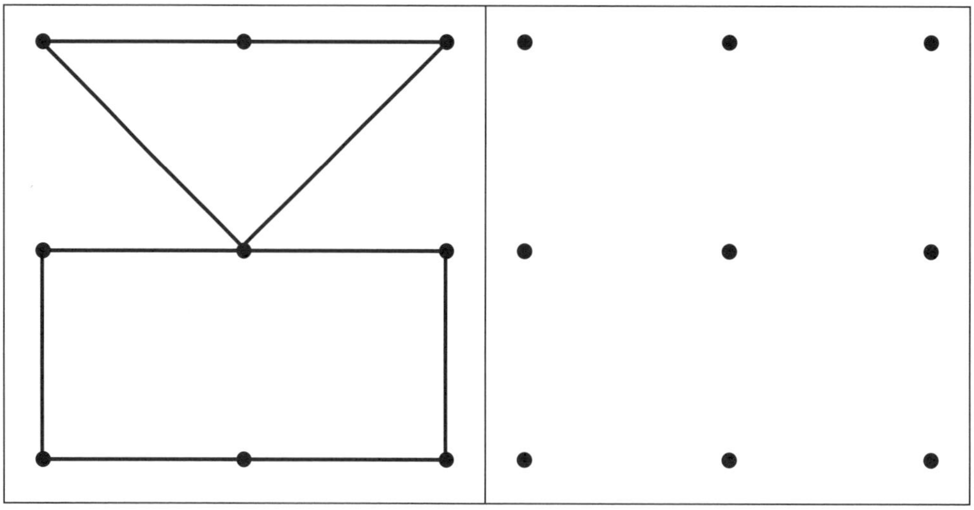

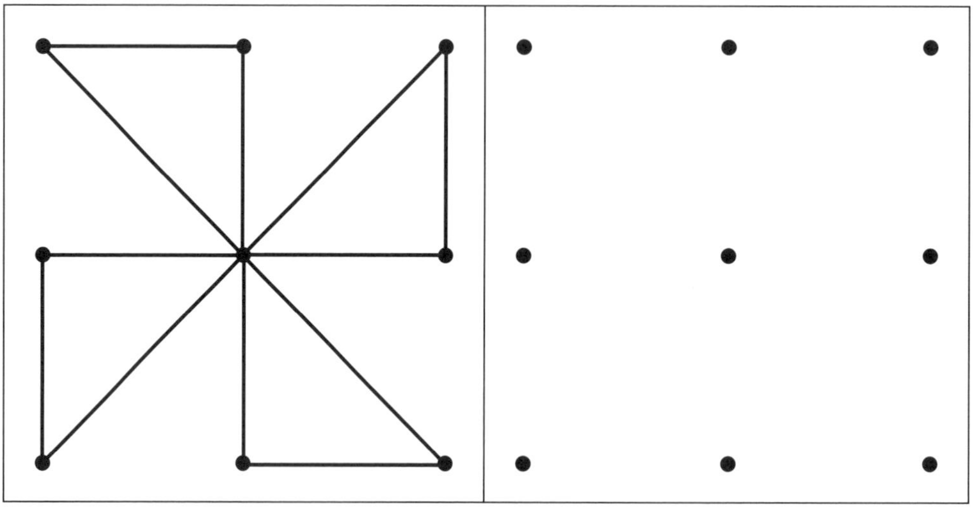

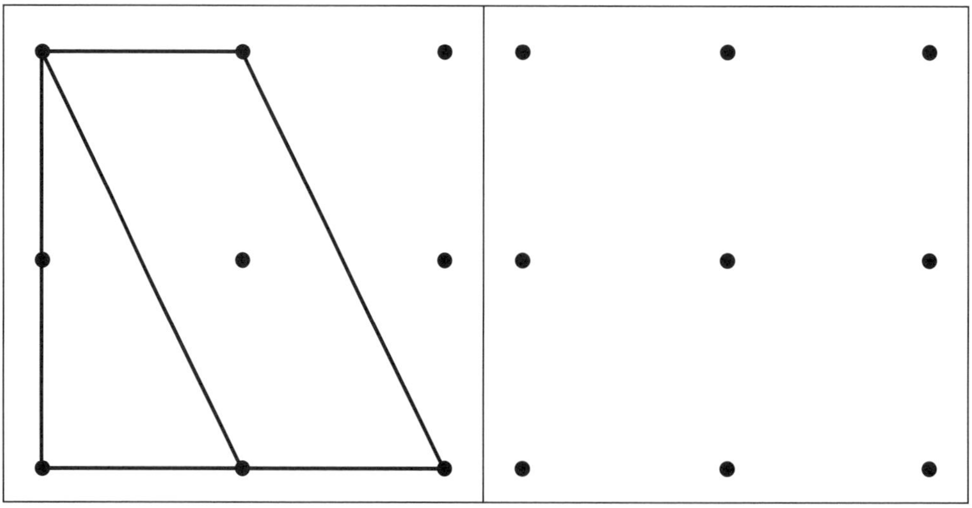

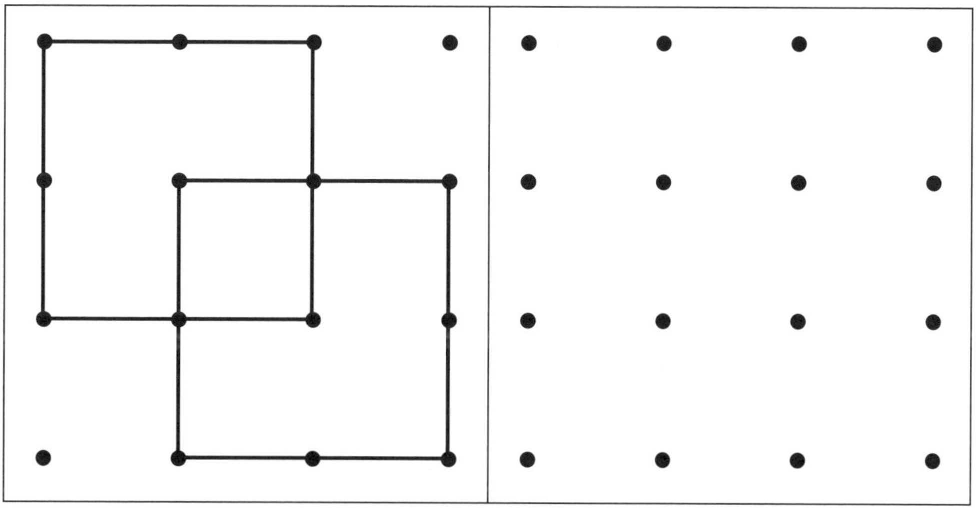

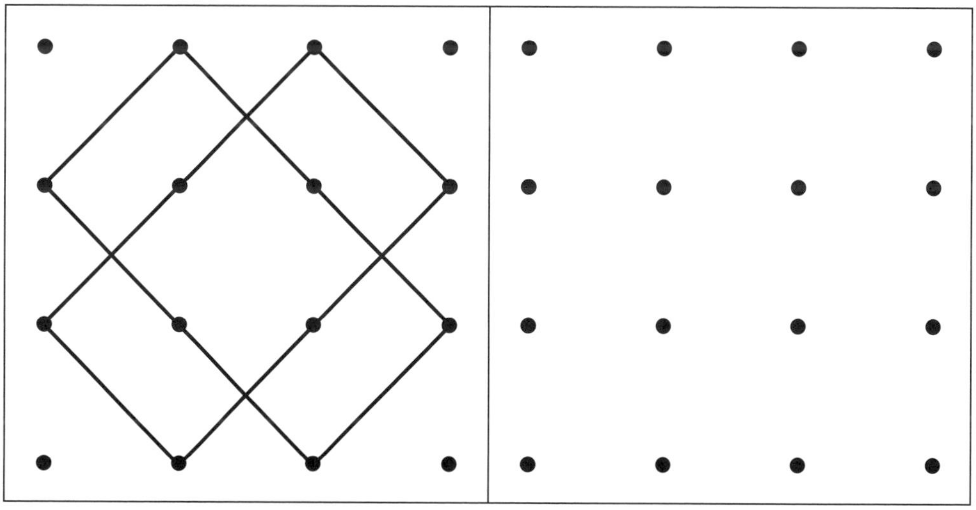

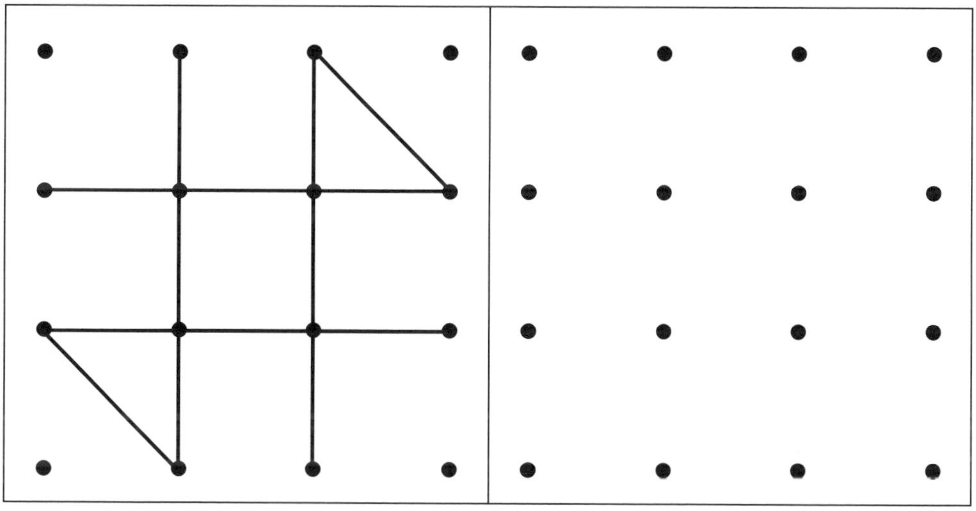

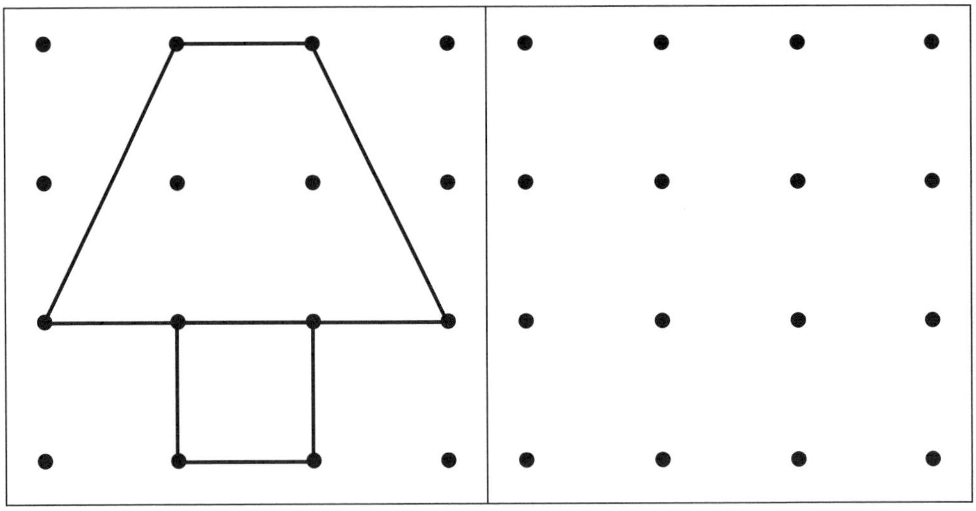

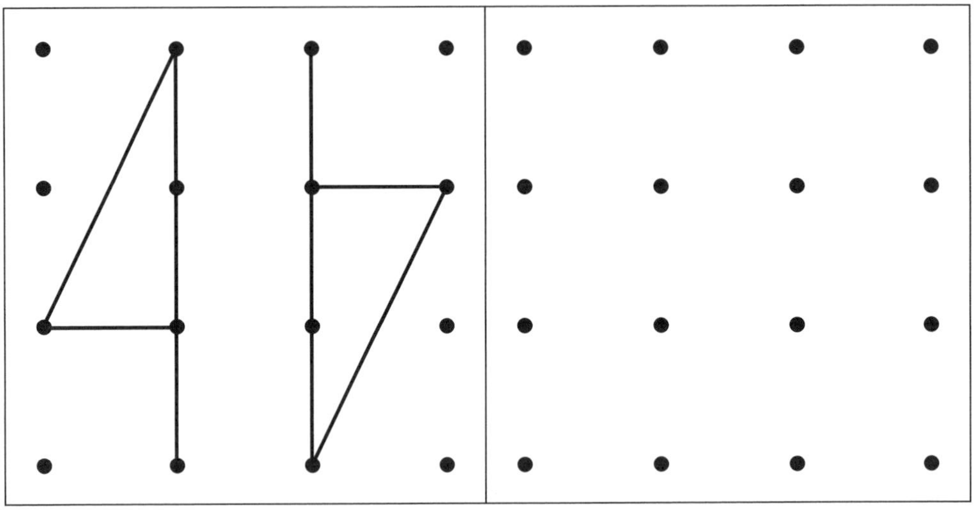

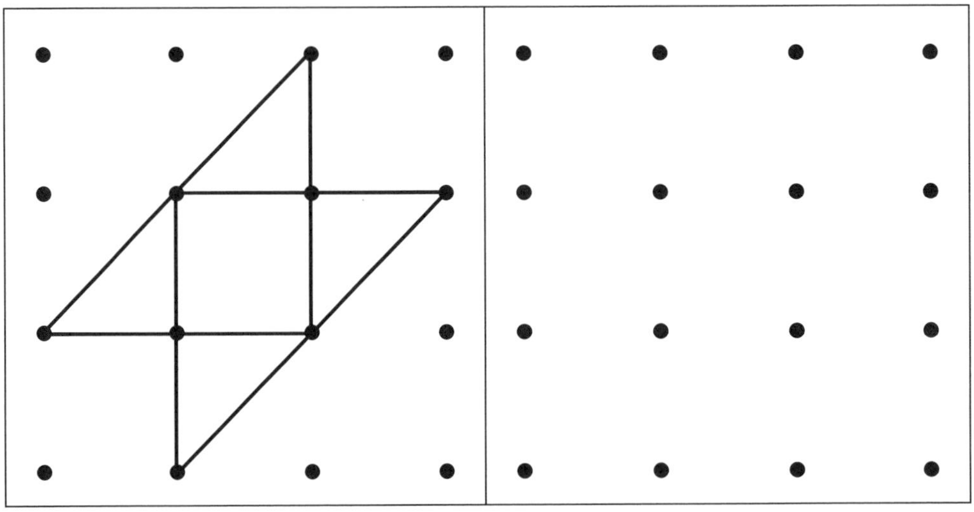

もんだいを　つくって　もらいましょう。

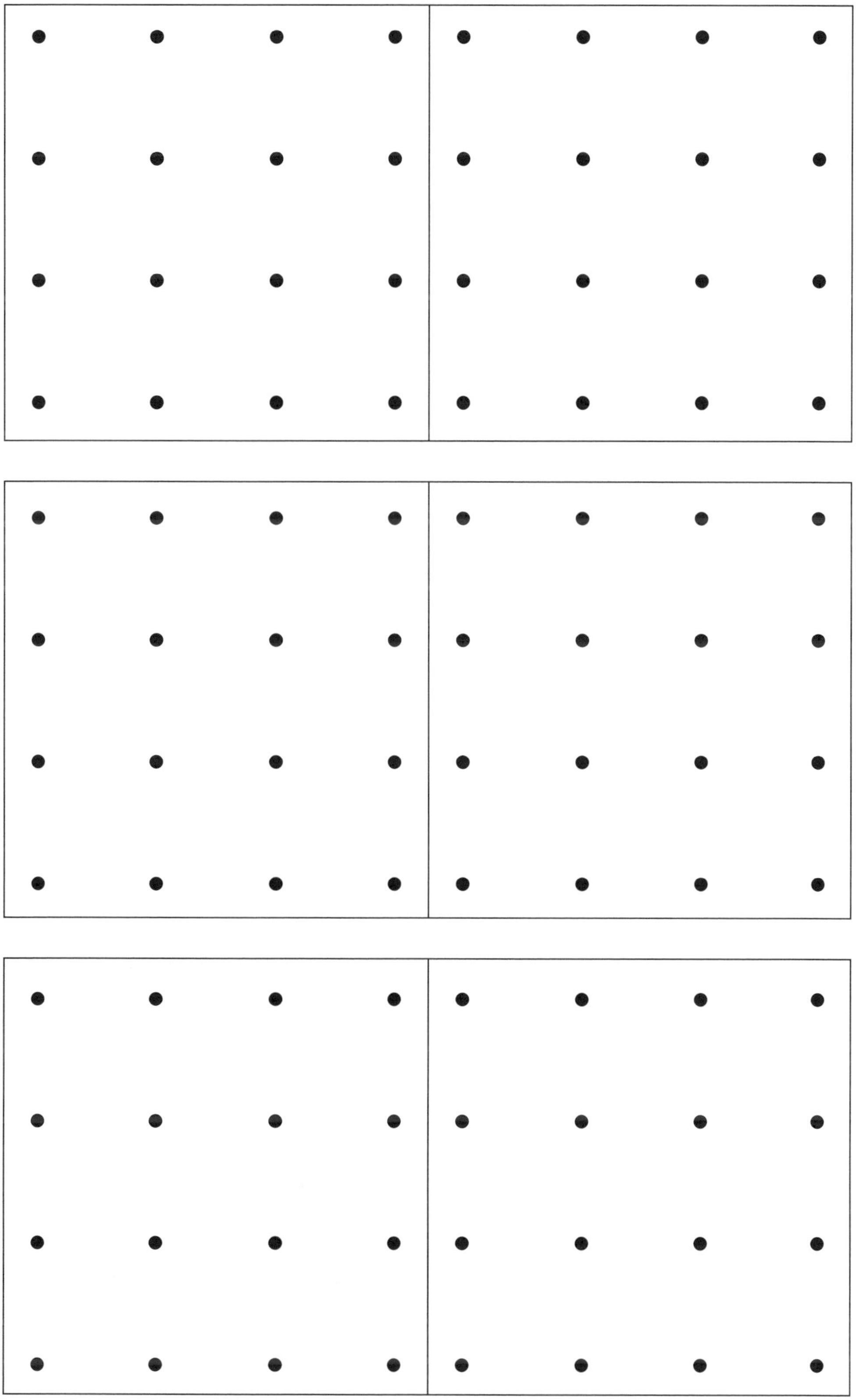

せんで　きって　ひらいて　できる　かたちを　かきましょう。

れい

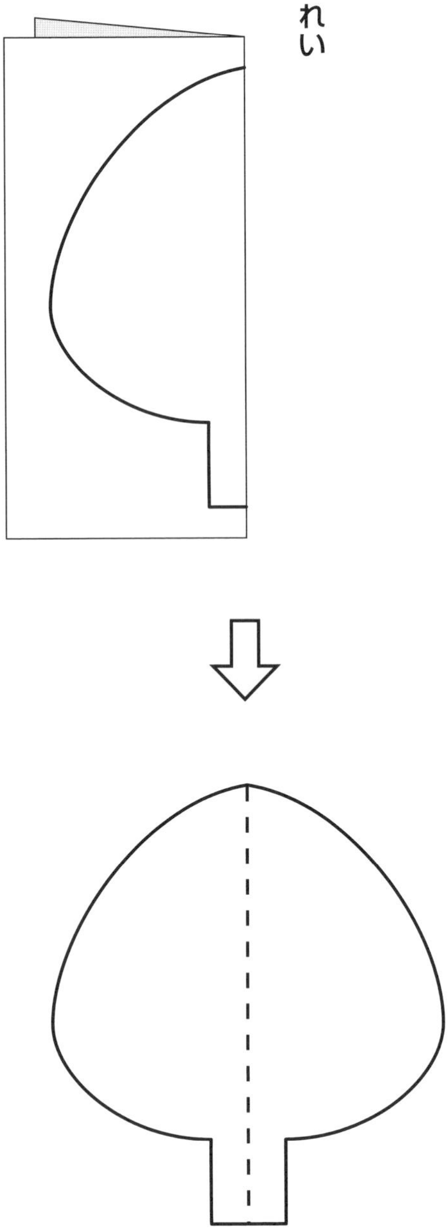

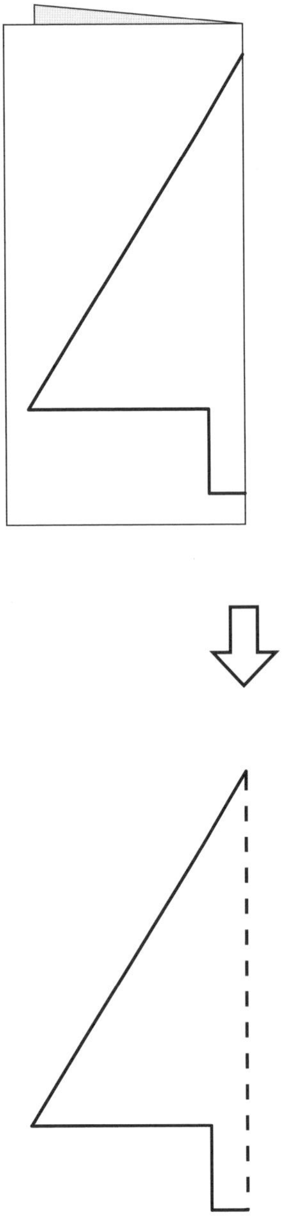

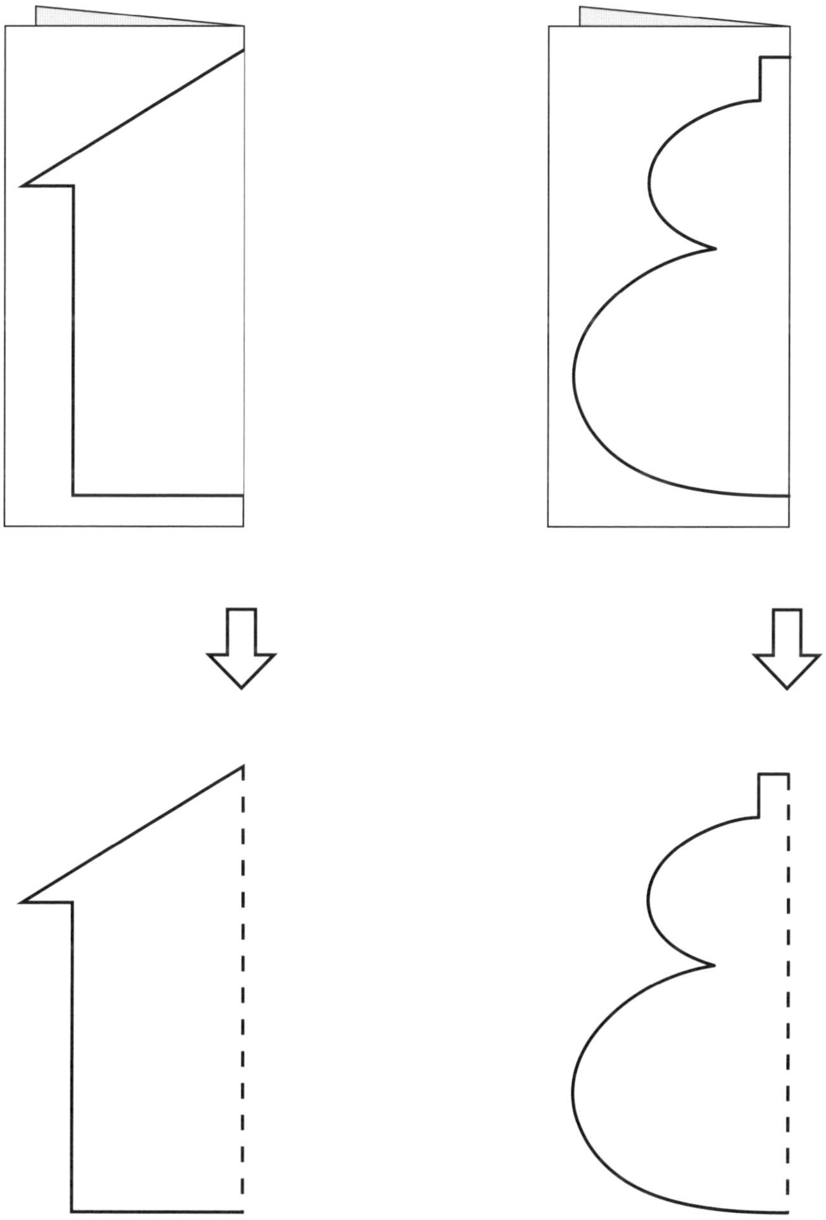

じゅんに　かきましょう。

れい

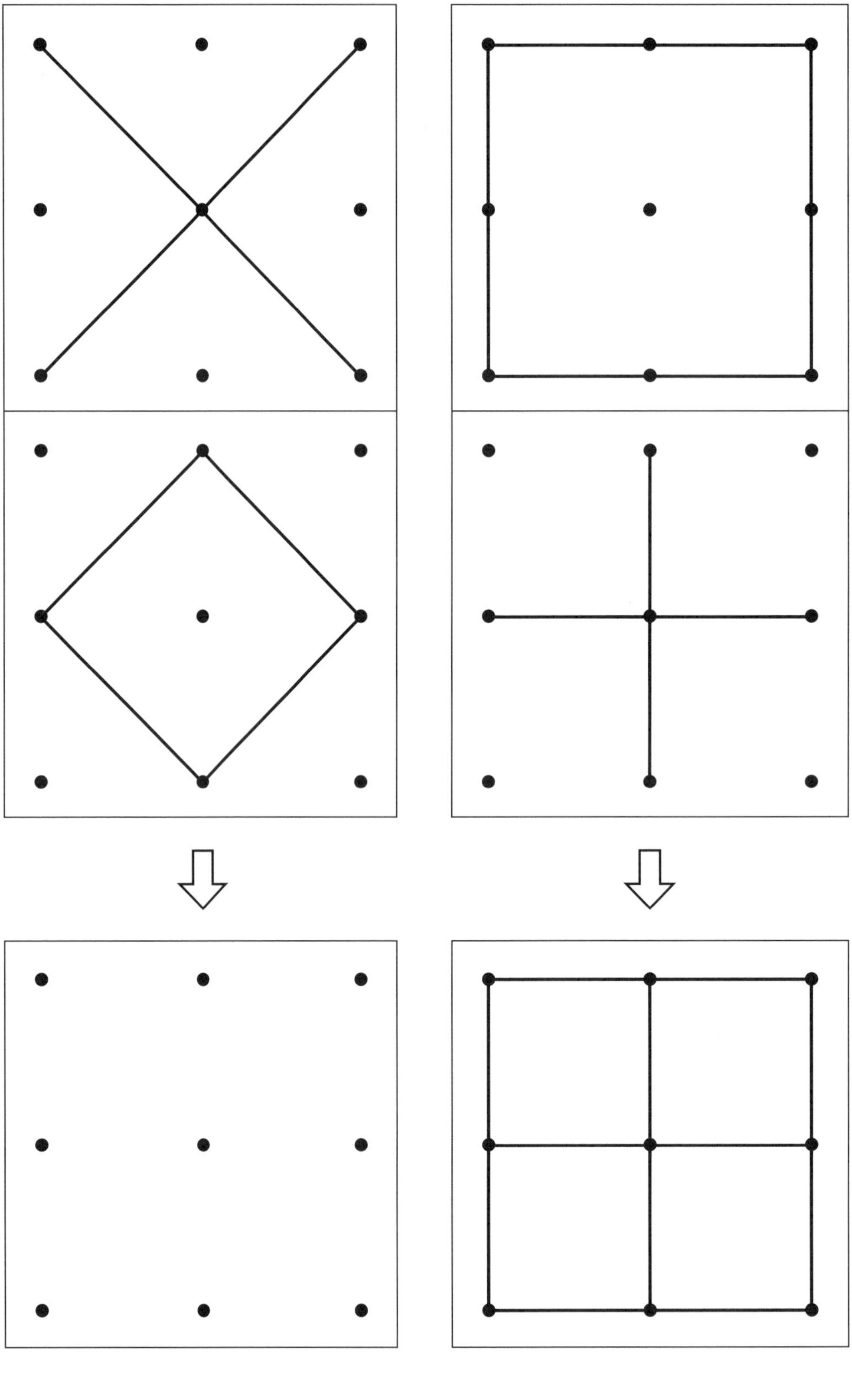

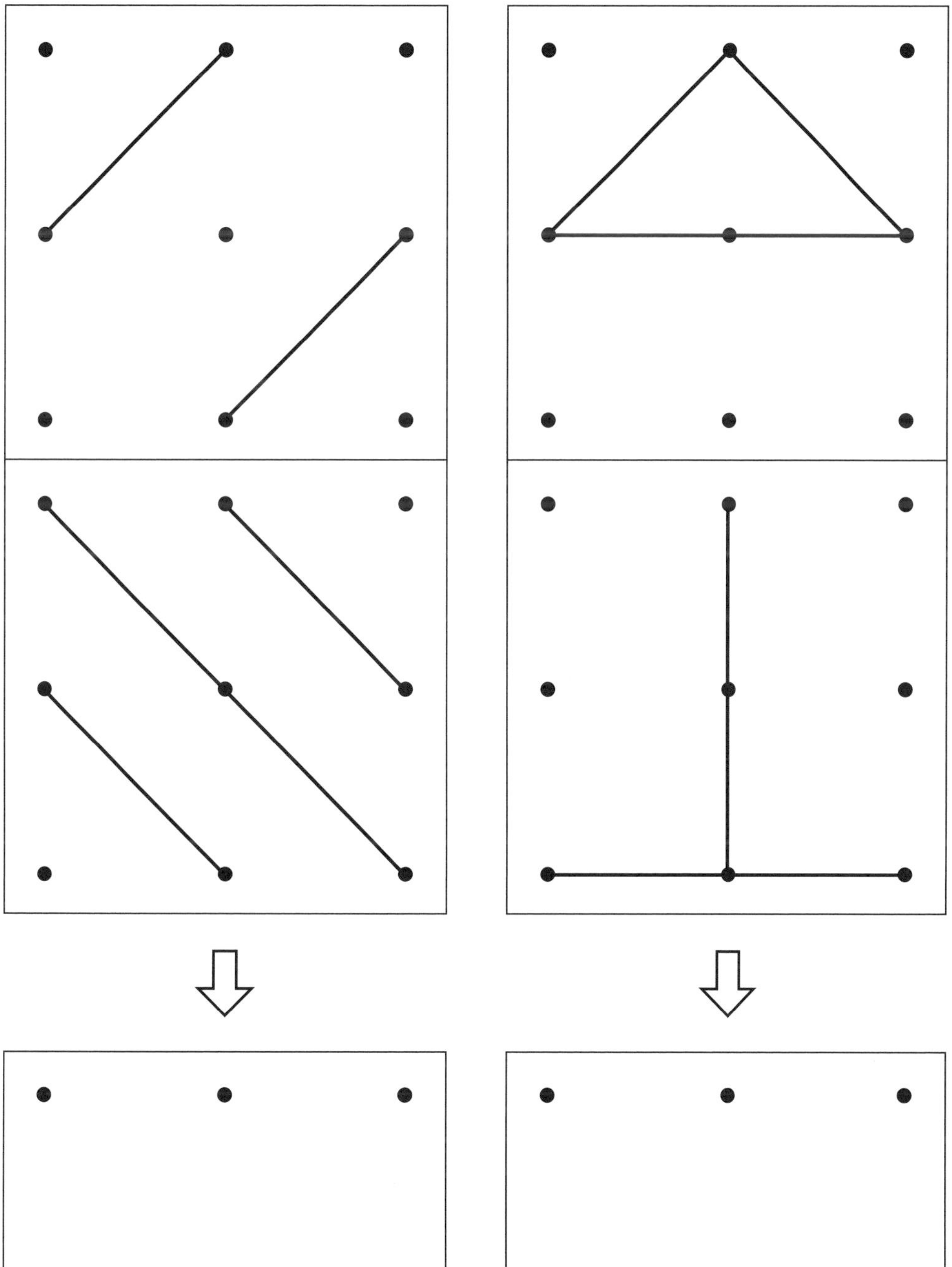

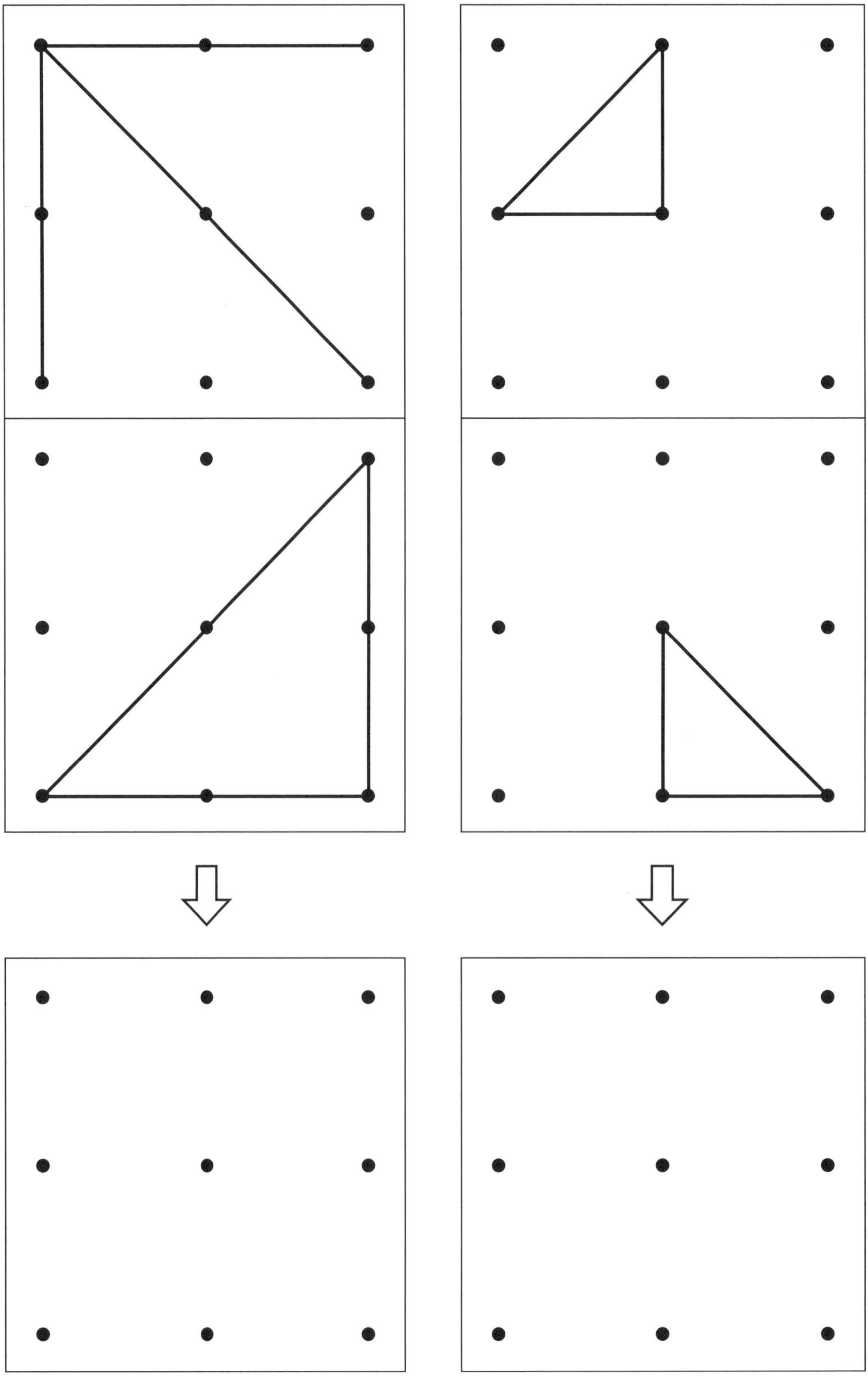

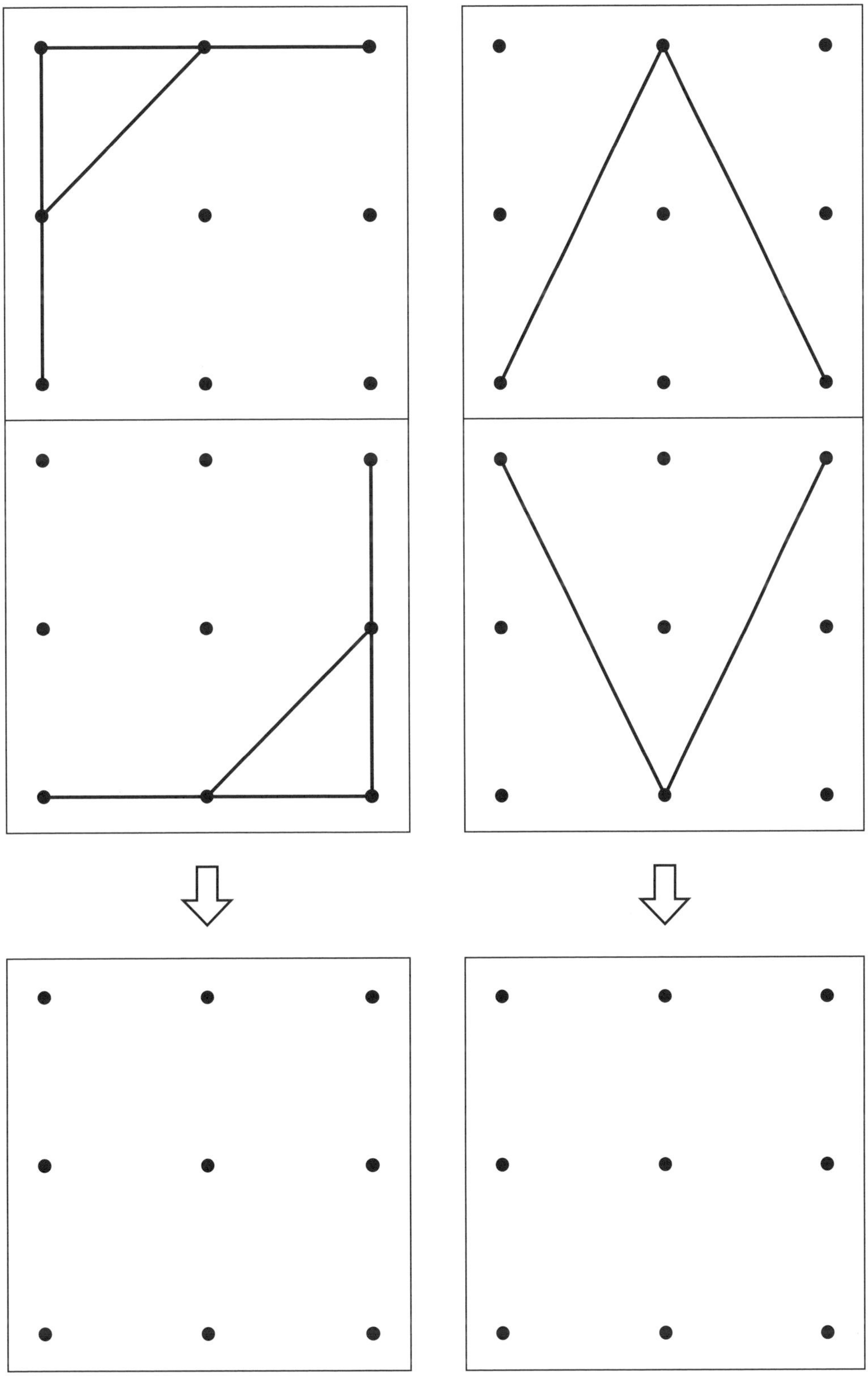

もんだいを　つくって　もらいましょう。

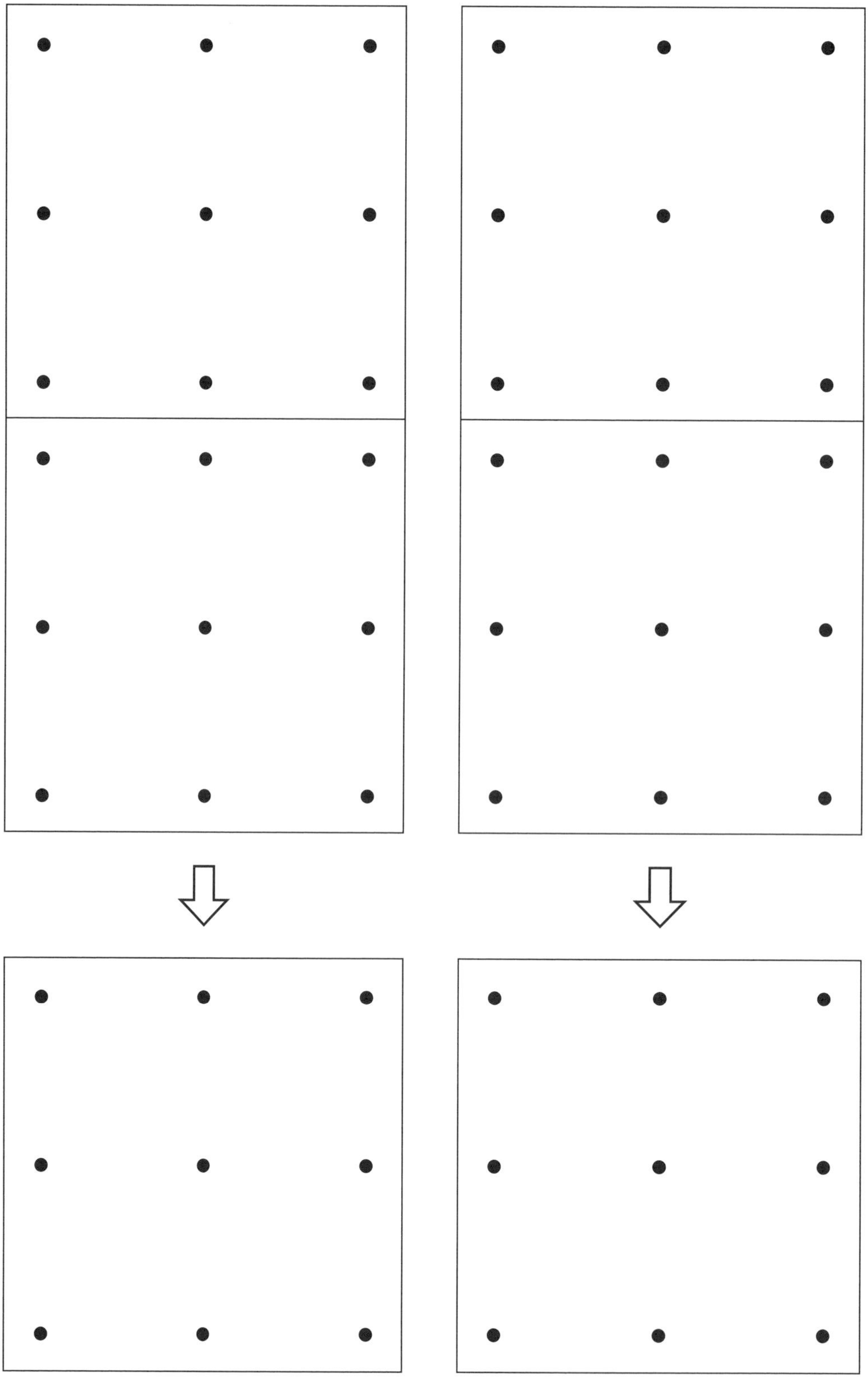

10

てのたいそう　いろいろなせん

●と　○を　むすびましょう。

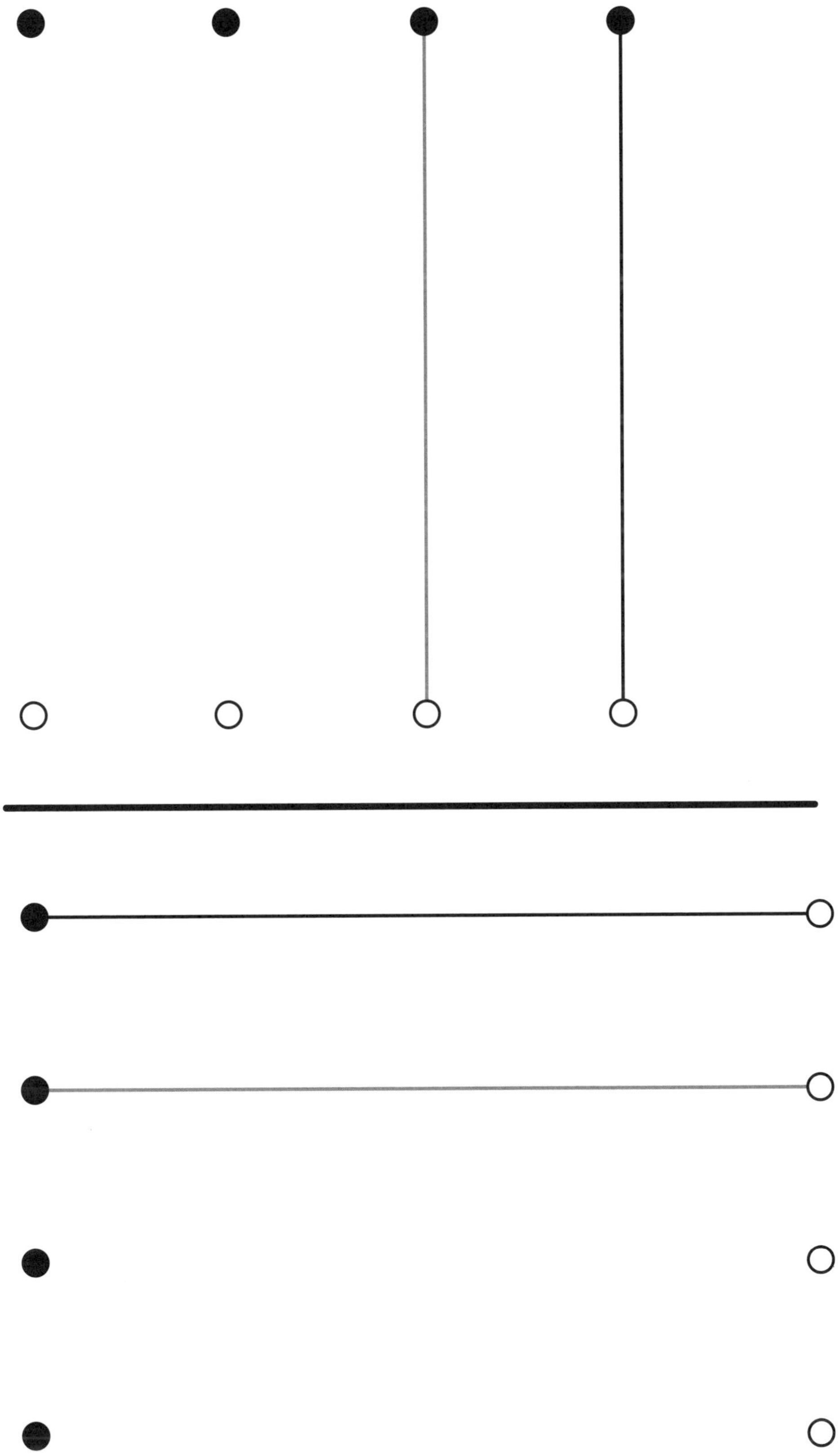

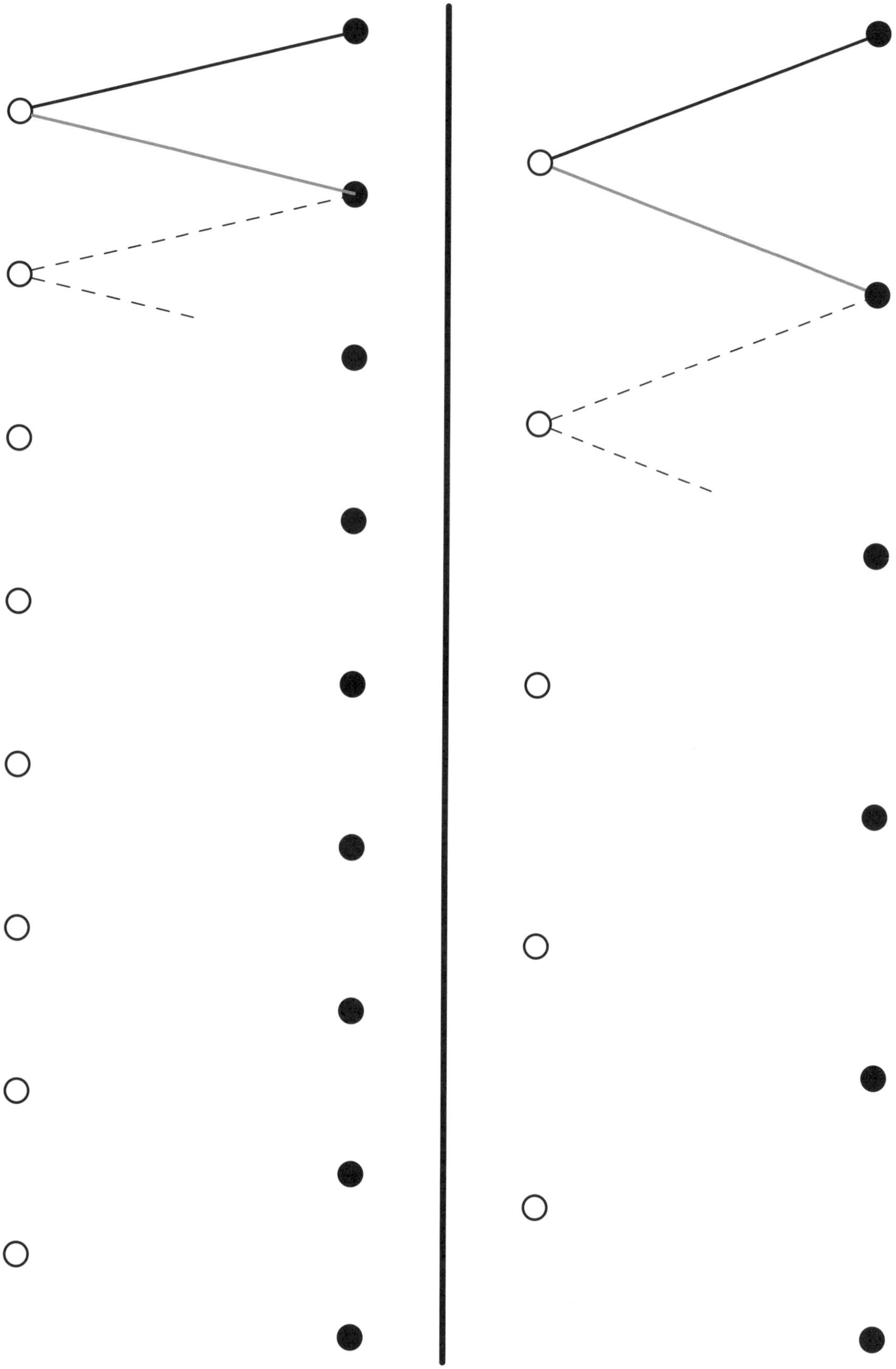

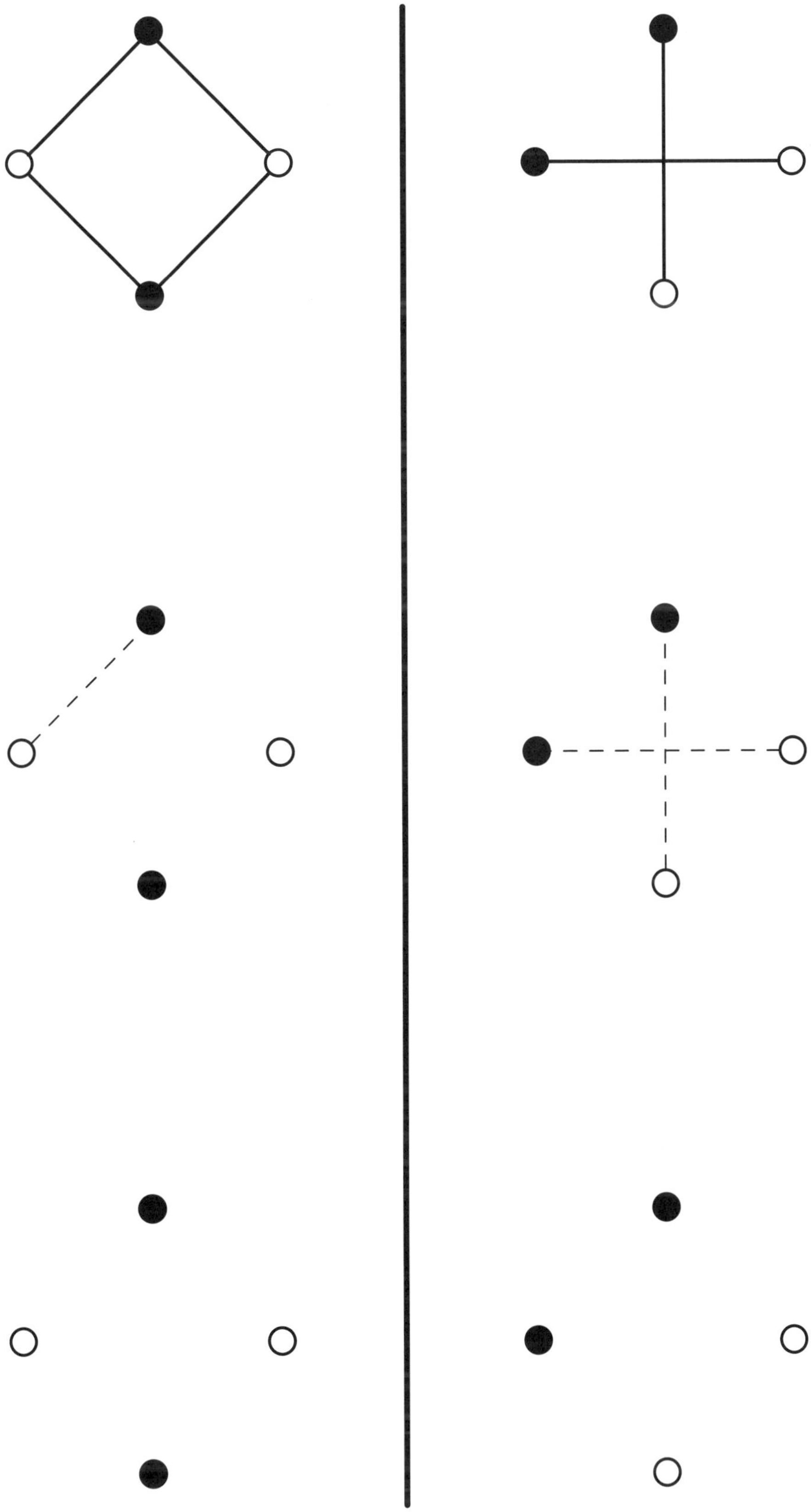

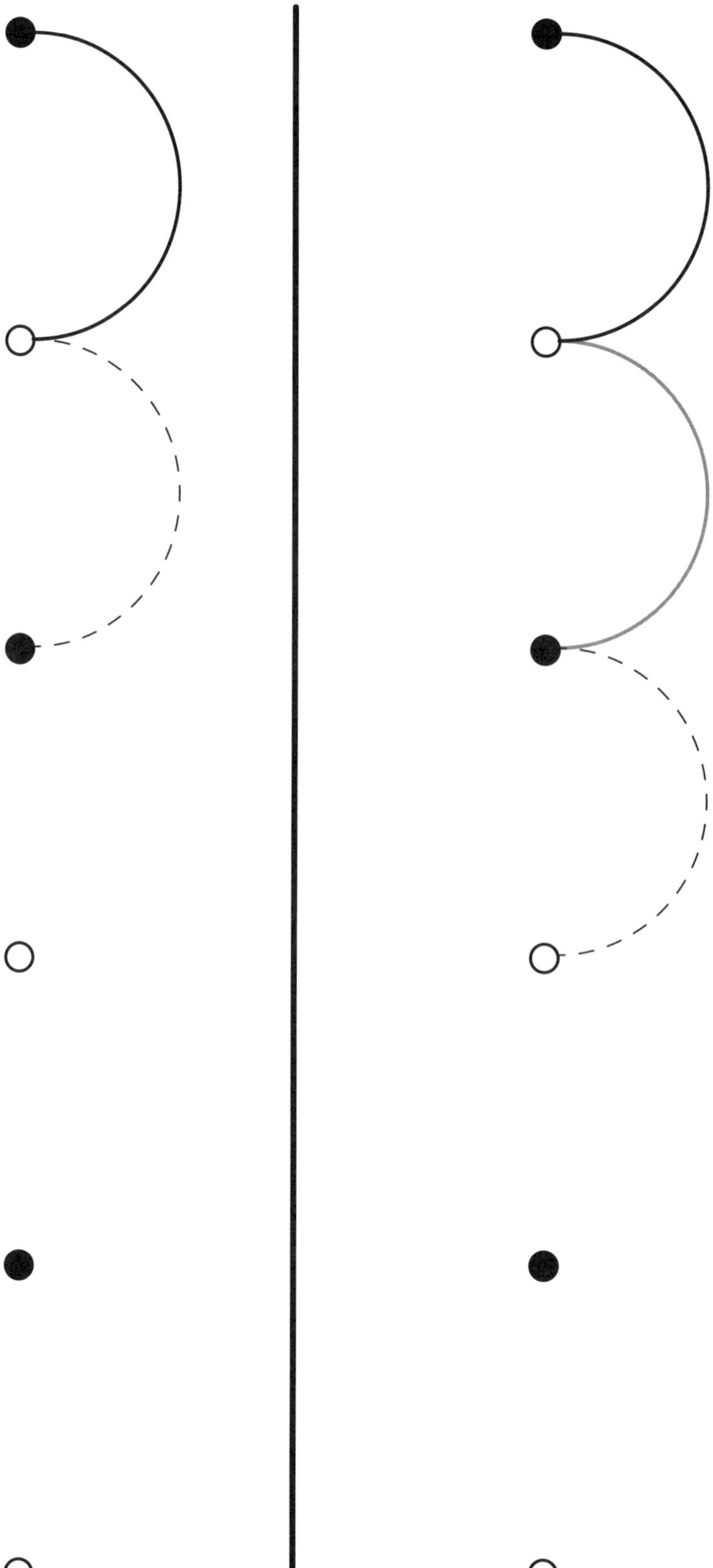

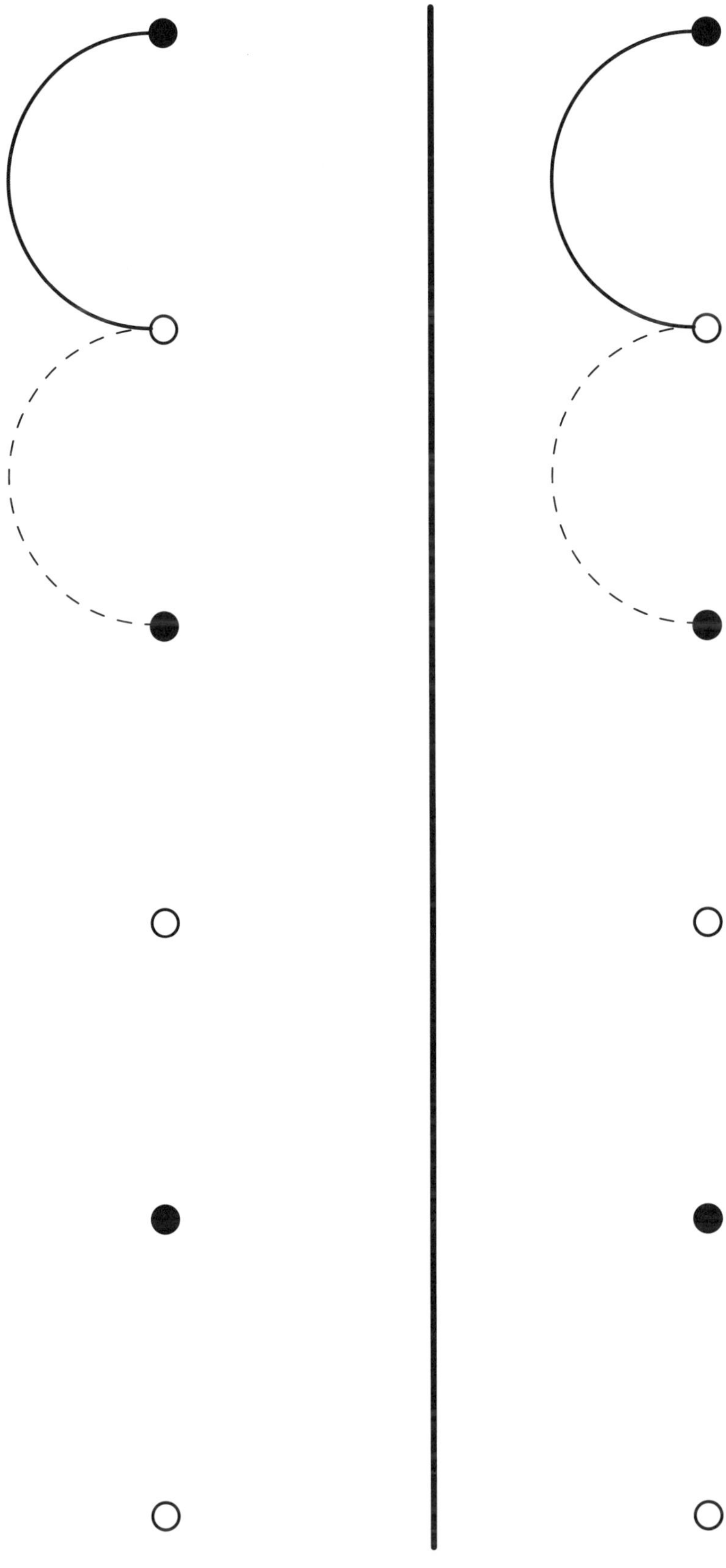

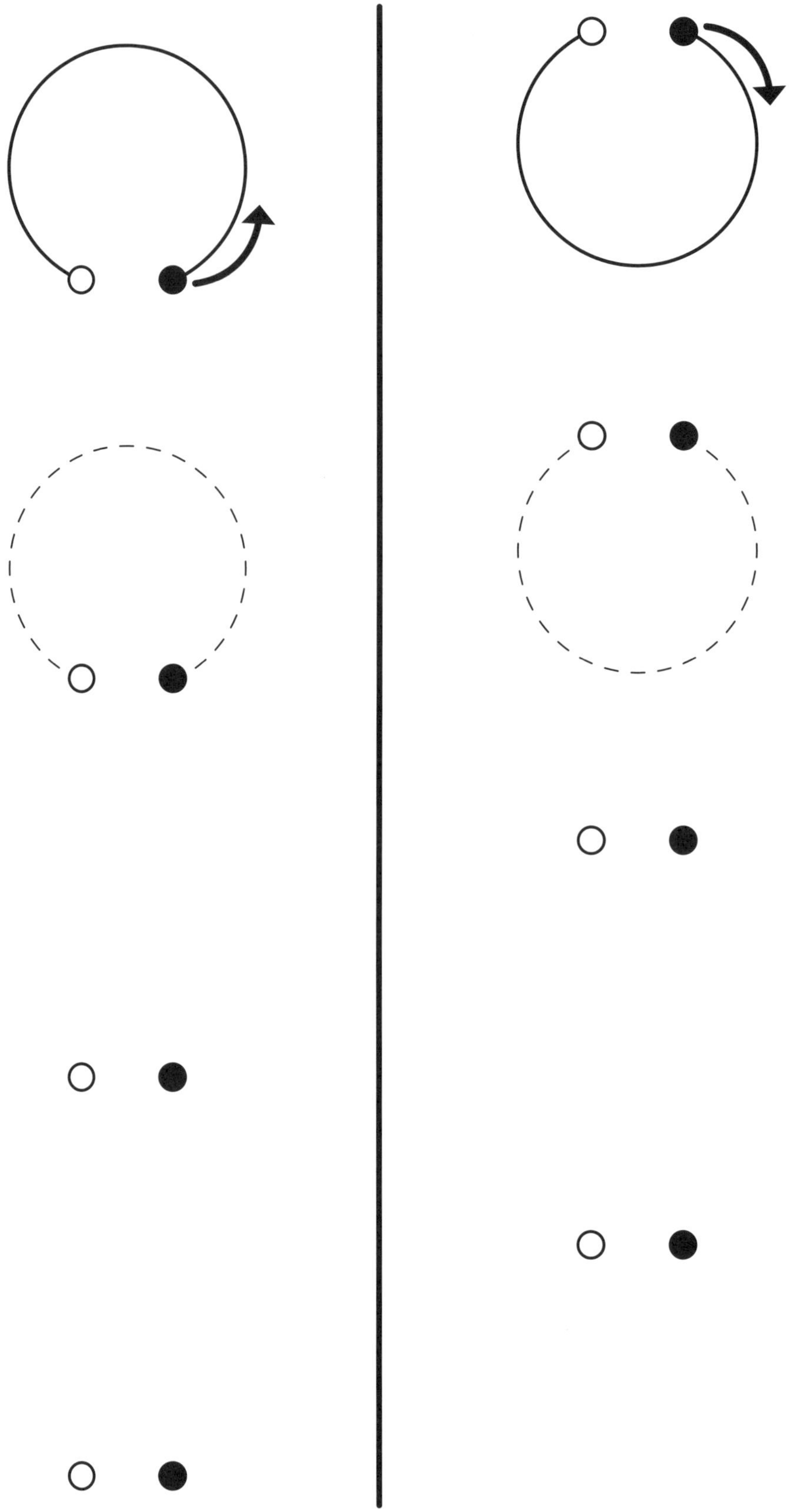

11

みてかく　とけいまわりのもじ

の

・から　かきはじめます。

の

つ

り

つ

・から　かきはじめます。

つ

の

る

ろ

・から　かきはじめます。

ろ

ふ

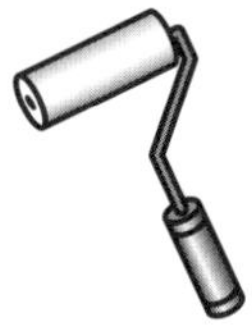

こ

こ

る

・から　かきはじめます。

る

つ

い

か

す

・から　かきはじめます。

す

り

い

よ

・から　かきはじめます。

よ

る

いこ

ち

・から　かきはじめます。

ち

は

う

わ

み

・から　かきはじめます。

み

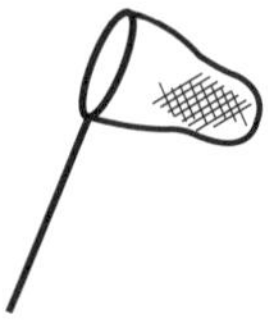

あ

う

・から　かきはじめます。

う

み

ま

ら

・から　かきはじめます。

ら

わ

う

つ

ま

・から　かきはじめます。

ま
・
・

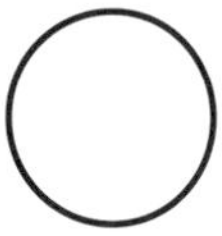

・
る

う
・

ほ

・から　かきはじめます。

ほ
・
・

・
す

・
る

は

・から　かきはじめます。

は

ち

な

な

・から　かきはじめます。

な

す

い

ふ

あ

1 2 3

・から　かきはじめます。

あ

・り

・み

お

1 2 3

・から　かきはじめます。

お

・す

か・

や

・から　かきはじめます。

や

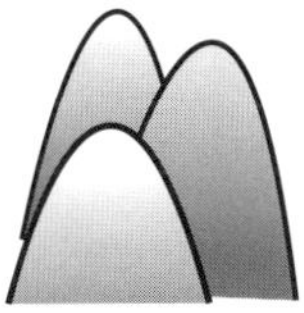

ま

お
つ

ふ

・から　かきはじめます。

ふ

ろ

ね

わ

・から　かきはじめます。

わ

に

うち

ね

・から　かきはじめます。

ね

こ

は

か

・から　かきはじめます。

か
・
・

・
ら
す

は
・
り

ゆ

・から　かきはじめます。

ゆ
・
・

・
り

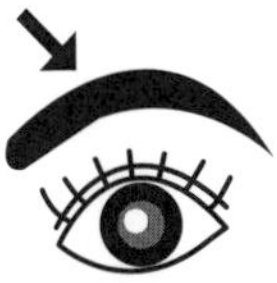

ま
・

め

・から　かきはじめます。

め
・
・

か
・

ま
・

ぬ

・から　かきはじめます。

ぬ
・
・

・
う

い
・

り

・から　かきはじめます。

り

りす

まり

け

・から　かきはじめます。

け

けす

おけ

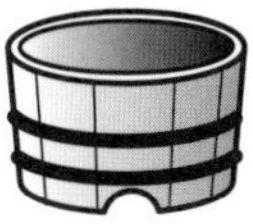

12 みてかく　はんたいまわりのもじ

し

・から　かきはじめます。

し

く

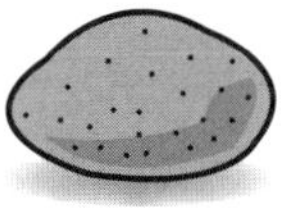

い

---

1 2 3 も

・から　かきはじめます。

も

し

し

て

・から　かきはじめます。

て
・
・

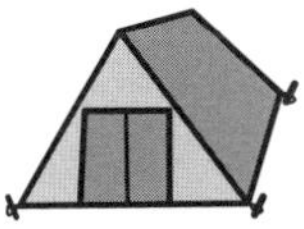

・
ん
と

・
ん
し

と

1　2

・から　かきはじめます。

と
・
・

い
・

・
い
れ

く

・から　かきはじめます。

く

し

も

ひ

・から　かきはじめます。

ひ

も

と

さ

・から　かきはじめます。

さ
・
・

・
・

・
い

き

・から　かきはじめます。

き
・
・

・
く

・
ん

せ

・から　かきはじめます。

せ

せき

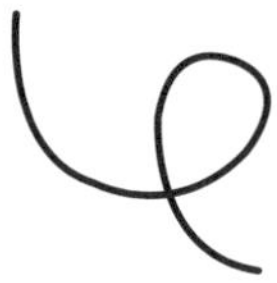

せん

そ

・から　かきはじめます。

そ

そと

へそ

む

・から　かきはじめます。

む
・
・

・し

・く

れ

・から　かきはじめます。

れ
・
・

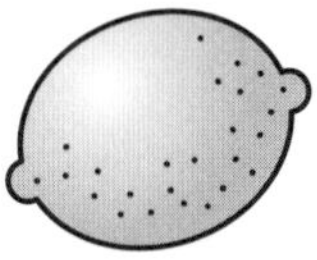

・もん

・い

ん

・から　かきはじめます。

ん

も

と

と

を

1 2 3

・から　かきはじめます。

を

て

たたく

13 みてかく　まわらないもじ

1 い 2

・から　かきはじめます。

い	・	た
・	た	・
・		

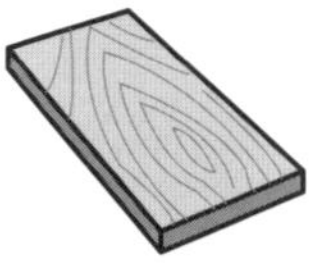

1 こ 2

・から　かきはじめます。

こ	・	・
・	た	い
・	え	

た

・から　かきはじめます。

・た
・
・

・
こ

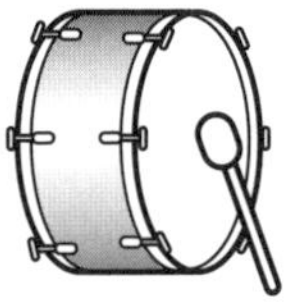

・
い
こ

に

・から　かきはじめます。

・に
・
・

・
く

・
こ
・
こ

へ

・から　かきはじめます。

へ

た

い

え

・から　かきはじめます。

え

こ

い

14

おなじもじさがし

おなじ　もじの　ふうせんと　つなぎましょう。

お
ほ
ま

ま
お
ほ

おなじ　もじの　たこと　つなぎましょう。

り
し
つ

し
り
つ

おなじ　もじの　さかなと　つなぎましょう。

れ
ぬ
め
れ
ぬ
め

15

こうえんで　かくれんぼ

みつけた　もじ

みつけた　ものに　いろを　ぬりましょう

【著者プロフィール】

武田　洋子

（たけだ・ようこ）

秋田県生まれ
1977年　秋田大学医学部卒業
1978年　信州大学医学部小児科学教室入局
1991年　フランス　パリ　ネッカー小児病院にて研修
1992年　帰国後　障害者医療に従事
2009年　全国重症心身障害児（者）を守る会　三宿診療所　所長
2019年　大田区立障がい者総合サポートセンター B棟
さぽーとぴあ診療所　小児科医長
2020年　同管理者

日本小児科学会　小児科専門医　「子どもの心」相談医
2010年　NPO日本教育再興連盟賞受賞

［装幀・カバー＆別冊イラスト］　池田泰子
［本文イラスト］　くらべちづる
［デザインDTP］　クラップス
［編集協力］　鈴木三枝子
［編集担当］　横山英行

小児科医がつくった
おくれがちな子、LD児、ADHD児など、どの子も伸ばす
ゆっくり　こくご　プリント
こころ・ことば・もじ

2015年2月21日　初版第1刷発行
2020年9月28日　第2刷発行

発行人　杉本　隆
発行所　小学館
〒101-8001
東京都千代田区一ツ橋2-3-1
電話　〈編集〉03（3230）5685
〈販売〉03（5281）3555
印刷所　図書印刷株式会社
製本所　古宮製本株式会社

 ISBN978-4-09-840158-1